The Secret

LE PLUS GRAND SECRET

LE PLUS GRAND SECRET

Rhonda Byrne

Traduit de l'anglais (États-Unis) par
MARIANNE COULIN

Harper Collins

Titre original :
THE GREATEST SECRET

Ce livre est publié avec l'aimable autorisation de HarperCollins Publishers, LLC, New York, U.S.A.

Direction artistique et conception par Nic George.
Graphisme et design par Josh Hedlund.
Mise en page par Yvonne Chan.

HARPERCOLLINS FRANCE
83-85, boulevard Vincent-Auriol, 75646 PARIS CEDEX 13
Tél. : 01 42 16 63 63

www.harpercollins.fr

ISBN 979-1-0339-0837-1

Imprimé en février 2021 par Rotolito S.p.A. – Italie
Dépôt légal : mai 2021

FSC
www.fsc.org
MIXTE
Papier issu de sources responsables
FSC® C005461

Pour limiter l'empreinte environnementale de ses livres, HarperCollins France s'engage à n'utiliser que du papier fabriqué à partir de bois provenant de forêts gérées durablement et de manière responsable.

Je dédie ce livre à l'ensemble de l'humanité.

Que Le Plus Grand Secret *vous libère de toute souffrance*
et vous apporte un bonheur éternel.

Telle est mon intention pour vous et pour chaque être humain.

« Parmi toutes les choses que les êtres humains
peuvent apprendre dans cette vie,
j'ai la plus grande des nouvelles à vous annoncer,
la plus belle des choses à vous dire… »

—Mooji

Sommaire

Remerciements

Le Plus Grand Secret n'aurait pas vu le jour sans l'aide et le soutien d'innombrables personnes. Je tiens tout d'abord à remercier du fond du cœur les maîtres dont je cite les enseignements lumineux tout au long de ce livre. Ils incarnent à la fois la grâce et la sagesse, et je leur suis extrêmement reconnaissante de m'avoir offert leur présence et d'avoir accepté de faire partie de ce livre qui pourrait bien transformer votre vie.

Je tiens à exprimer ma plus profonde gratitude aux scientifiques et chercheurs, dont les travaux présentés dans ce livre nous offrent les toutes dernières perspectives dont l'humanité a besoin pour sortir des âges sombres et des anciens paradigmes qui ne sont plus d'actualité et pour enfin passer à la présence lumineuse du véritable Être infini que nous sommes.

À tous les membres de l'équipe du livre *Le Secret* qui ont travaillé avec moi sur *Le Plus Grand Secret*, je n'ai pas de mots pour vous dire à quel point je vous suis reconnaissante de vous être autant investi et de m'avoir apporté votre soutien indéfectible pour mener à bien ce projet. Chaque fois que je faisais part aux membres de l'équipe d'une nouvelle découverte que je souhaitais partager avec le monde entier, je savais qu'ils prenaient une profonde respiration et se demandaient ce que j'allais bien pouvoir leur révéler. Et chaque fois, ils ont su ouvrir leur esprit et élever leur conscience afin de pouvoir apporter leur inestimable contribution, chacun dans son domaine de compétence.

Skype Byrne, ma fille, a été mon éditrice pour *Le Secret*, ainsi que pour mes autres livres, mais elle est aussi ma boussole. Il lui a fallu comprendre parfaitement tous les enseignements contenus dans cet ouvrage pour m'aider à ne pas dévier de mon objectif et réaliser mon désir le plus cher : écrire aussi simplement que possible afin de permettre à des millions de personnes de se libérer de la souffrance et de vivre dans la joie. Travailler sur les premières étapes d'écriture d'un livre n'a rien de facile, et je considère que personne d'autre sur la planète ne pouvait le faire avec autant de brio et de perfection que Skype. Je tiens à lui exprimer ma plus profonde gratitude, car elle a guidé ma main à chaque page de ce livre.

Chaque page doit aussi beaucoup à Nic George, notre directeur artistique. La magnifique mise en page de cet ouvrage tient à son extraordinaire talent créatif, à ses yeux et à ses doigts ainsi qu'à sa profonde intuition. Créer un nouveau livre avec lui est un pur bonheur et je lui en suis très reconnaissante, ainsi qu'à Josh Hedland qui a travaillé à ses côtés sur la couverture et les illustrations du livre *Le Plus Grand Secret*.

Glenda Bell a fait un travail fabuleux auprès des maîtres, des enseignants et de tous les auteurs cités dans ce livre ainsi qu'auprès de leurs équipes afin de s'assurer que leurs enseignements sont retranscrits aussi exactement que possible. Elle n'a jamais ménagé ses efforts, jonglant avec enthousiasme entre les fuseaux horaires, œuvrant de jour comme de nuit, week-ends compris, pour échanger avec des équipes disséminées aux quatre coins du globe, et je lui en suis très reconnaissante.

Je tiens aussi à remercier toute l'équipe formidable du *Secret* : Don Zyck, notre directeur financier, qui est toujours prêt à faire un nouveau saut quantique et sait répondre à tous les défis, qu'ils soient d'ordre financier ou juridique, pour nous permettre de garder le cap ; Josh Gold, qui gère à merveille nos plateformes de réseaux sociaux et s'emploie à faire connaître ce livre dans tous les pays du monde ; Marcy Koltun-Crilley, ma très chère amie qui chemine à mes côtés depuis le début de l'aventure et fait partie intégrante de l'équipe du *Secret*, ainsi que le producteur Paul Harrington, avec qui j'avais déjà collaboré il y a dix ans avant la parution du livre *Le Secret*. Très vite, Paul m'a encouragée à écrire *Le Plus Grand Secret*, alors qu'il me semblait presque impossible de transmettre en toute simplicité cette précieuse vérité. Paul l'a aussi produit en livre audio, en collaboration avec Tim Patterson à la postproduction, donnant ainsi vie à ces révélations.

Je tiens à exprimer toute ma gratitude à la formidable équipe de HarperCollins qui a travaillé sur ce livre en faisant preuve d'un enthousiasme contagieux. Merci à la merveilleuse Judith Curr, présidente et directrice éditoriale de HarperOne, et à mon fantastique éditeur, Gideon Weil, avec qui j'ai eu l'immense joie de travailler. Tous mes remerciements vont également à Brian Murray, Terri Leonard, Yvonne Chan, Suzanne Quist, Laina Adler, Edward Benitez, Aly Mostel, Melinda Mullin, Adrian Morgan, Dwight Been, Anna Browner, Lucile Culver et Rosie Black.

Merci à l'équipe internationale de HarperCollins : Chantal Restivo-Alessi, Emily Martin, Juliette Shapland, Catherine Barbosa-Ross et Julianna Wojcik. Merci à l'équipe de HarperCollins au Royaume-Uni : Charlie Redmayne, Kate Elton, Oliver Malcolm, Katya Shipster, Helen Rochester, Simon Gerratt et Julie MacBrayne. Merci à toutes les filiales de HarperCollins dans le monde : HarperCollins Brasil, HarperCollins Espanol, HarperCollins Mexico, HarperCollins Iberica, HarperCollins Italia, HarperCollins Holland, HarperCollins France, HarperCollins Germany, HarperCollins Polska, HarperCollins Japan et HarperCollins Nordic.

Je tiens également à remercier toutes les personnes qui m'ont fait part de leurs précieuses observations : Peter Foyo, Kim Wall, John Wall, Hannah Hodgden, Marcy Koltun-Crilley, Mark Weaver et Fred Nalder.

Merci à ma famille – Peter Byrne, Oku Den, Kevin McKemy, Henley McKemy, Savannah Byrne-Cronin – et ma fille Hayley qui a été la force motrice me permettant d'entreprendre cette incroyable aventure en quête de la vérité il y a seize ans. Merci à mes sœurs adorées – Pauline Vernon, Glenda Bell et Jan Child – de m'aimer et de me laisser vous aimer.

Pour terminer, je tiens à remercier mon maître, qui est si belle et si incroyable. Au cours de ces quatre dernières années, ses paroles et ses enseignements sur la vérité ont changé radicalement ma vie et m'ont aidée à voir clairement ce que je suis réellement. Ce livre précieux que vous tenez entre les mains doit beaucoup à sa patience et à l'aide qu'elle m'a apportée en m'indiquant le chemin du retour à la maison. J'éprouve à son égard un amour infini.

erlooked... the secret of secrets... the end of delusion... [illegible]

you can't see it... so subtle your mind can't understand it...

simple you can't believe it... so good you can't accept it...

hidden than the most concealed... [illegible] the greatest [illegible]

human being can make... hidden in plain sight... more [illegible]

than the most concealed... more evident than the most [illegible]

things... [illegible]

[illegible]

[illegible]

[illegible]

[illegible] piness... the ultimate [illegible] you have [illegible]

world..... the most [illegible]

most overlooked... the secret of secrets... the end of delusion...

close you can't see it... so subtle your mind can't understand

so simple you can't believe it... so good you can't accept

more hidden than the most concealed... this is the great[illegible]

[illegible] man being can make... hidden in plain [illegible]

[illegible] the most concealed... more evident

[illegible] things... there's nothing greater than [illegible]

plain [illegible] for every one of us. [illegible]

Comment tout a commencé

Après la sortie du film *Le Secret*, en 2006, ma vie est devenue une vie de rêve. Je ne pourrais pas dire mieux. Comme je pratiquais religieusement les principes présentés dans *Le Secret*, j'étais de plus en plus souvent dans un état d'esprit positif et cela se reflétait dans ma vie : j'étais heureuse et tout allait bien pour moi sur le plan de la santé, des relations et des finances. Je ressentais aussi un amour et une gratitude naturels envers tout ce qui existe.

Cependant, quelque chose en moi me disait que je devais poursuivre cette quête de la vérité ; quelque chose me poussait à le faire, même si j'ignorais encore ce que je cherchais exactement.

À l'époque, j'étais loin de me douter que je venais tout juste d'entreprendre un long périple qui allait durer dix ans ! J'ai commencé par étudier pendant plusieurs années les enseignements profonds d'une tradition ancienne née en Europe, l'Ordre de la Rose-Croix. J'ai aussi passé quelques années à étudier le bouddhisme, les nombreux écrits de mystiques chrétiens, la théologie, l'hindouisme, le taoïsme et le soufisme. Puis ma quête s'est tournée vers notre époque, et j'ai commencé à m'intéresser à des enseignants plus récents, tels que Jiddu Krishnamurti, Robert Adams, Lester

Levenson et Ramana Maharshi ainsi qu'à des maîtres encore vivants aujourd'hui.

Tout au long de ce parcours, j'ai fait des découvertes qui demeurent inconnues pour le plus grand nombre, des découvertes stupéfiantes, mais aucune d'entre elles ne m'avait donné le sentiment d'avoir trouvé *la* vérité.

Au fil des années, j'en étais même arrivée à me dire qu'il me faudrait peut-être y consacrer le reste de ma vie. Ce que j'ignorais alors, c'est que je cherchais la vérité dans le monde alors qu'elle avait toujours été là, plus proche de moi que je n'aurais jamais pu l'imaginer.

En janvier 2016, dix ans après avoir entamé mon périple, j'ai vécu une situation très difficile qui a suscité en moi une profonde déception. Ce sentiment était si intense que cela m'a vraiment surprise, au point de me demander comment je pouvais me sentir aussi mal alors que j'allais si bien auparavant. En fin de compte, la situation à l'origine de ma déception s'est avérée le plus beau cadeau qu'il m'ait été donné de recevoir dans ma quête de la vérité.

Pour me changer les idées après cette déception, j'ai regardé sur Conscious TV un entretien avec un certain David Bingham. À l'époque, David ne donnait pas d'enseignements ; c'était quelqu'un de très ordinaire, comme vous et moi, à la seule différence près qu'au bout de vingt ans de recherche, il avait découvert la vérité !

Puis j'ai écouté avec la plus grande attention un podcast recommandé par David expliquant que la plupart des gens passent à côté de cette découverte, non pas parce qu'elle est difficile à faire, mais parce qu'elle est très simple. Lorsque j'ai pu ensuite m'entretenir avec lui au téléphone, il m'a dit : « Regarde, c'est juste là. Juste sous tes yeux. » À cet instant précis, j'ai compris ce que j'avais tant cherché. C'*était* si simple, et c'*était* juste là. C'est ainsi que ma quête a pris fin, au bout de dix ans ! Je peux dire sans hésitation que la joie et le bonheur que j'ai ressentis à ce moment-là valaient bien chaque seconde de mon périple commencé des années plus tôt. Et même si cela avait dû me prendre toute une vie, cela en aurait valu la peine.

En définitive, une simple prise de conscience contenait toute la vérité que je cherchais, et que tous les êtres recherchent, même s'ils ne s'en rendent pas compte. La vérité m'est soudain apparue et j'ai vu qu'elle était partout. Cette vérité était présente dans tout ce que j'avais lu et appris depuis dix ans, mais je n'avais alors tout simplement pas les yeux pour le voir. J'avais cherché pendant des années, passant d'une tradition et d'une philosophie à une autre, pour finalement découvrir que ce que je cherchais se trouvait juste sous mon nez depuis tout ce temps !

Dès lors, j'ai su que le plus important pour moi était de comprendre cette vérité plus profondément, de la vivre pleinement, puis de la partager aussi largement que possible. Je me suis alors fixé comme objectif de montrer qu'il est possible de sortir de la souffrance que tant de gens endurent, d'y mettre fin et de montrer le chemin vers une vie libérée de l'anxiété et de la peur.

J'avais déjà pris des notes sur tout ce que j'avais appris dans un dossier que j'avais nommé « Mon prochain livre ». J'avais eu l'intuition de consigner toutes mes découvertes dans l'optique de les révéler un jour au plus grand nombre, et c'est à partir de ces notes précieuses que j'ai écrit ce livre.

Deux mois seulement après avoir trouvé la vérité par l'intermédiaire de David Bingham, j'ai rencontré une femme dont la présence et les enseignements m'ont marquée profondément et m'ont aidée à rédiger ce livre. Alors qu'elle entrait dans la pièce où je me trouvais, lors d'une retraite, je me suis approchée d'elle pour lui parler, et sa présence a eu un tel effet sur moi qu'en un instant toute trace de la négativité que j'avais pu accumuler tout au long de ma vie avait disparu ! Cette femme avait suivi les enseignements de l'un de mes enseignants préférés, Robert Adams, qui est aujourd'hui décédé. J'ai su aussitôt que cette femme était mon maître et qu'elle allait m'aider à réaliser pleinement la vérité et à la vivre dans cette existence, et c'est ce qu'elle fait depuis ces quatre dernières années. Ses enseignements sont directs, d'une extrême simplicité, et elle n'hésite jamais à me remettre sur la voie quand je fais fausse route. Bien qu'elle ait souhaité garder l'anonymat, elle m'a autorisée à reproduire ses précieux enseignements qui ont contribué dans une large mesure à la vie que je mène aujourd'hui, dans une joie et un bonheur constants. Mon désir le plus cher est que ses enseignements aient le même effet sur vous !

Avec d'autres maîtres cités dans cet ouvrage, elle m'a aidée à sortir de la nuit de l'ignorance en éclairant ce que je venais de découvrir. J'éprouve un amour infini pour tous ces maîtres qui m'ont permis de mieux comprendre cette vérité et de vivre ma vie plus pleinement à partir de cette découverte. Vous retrouverez tout au long de ce livre leurs paroles qui ont totalement transformé ma vie.

À chaque pas que vous ferez en lisant ce livre, vous serez plus heureux, vous aurez de moins en moins d'efforts à faire dans votre vie et ce sentiment de bonheur et d'aisance ne fera que s'intensifier. Vous ne serez plus tenaillé par la peur ni accablé par vos soucis au sujet de l'avenir. Vous n'éprouverez plus aucune anxiété ni aucun stress face aux événements qui surviennent dans le monde. Vous avez le pouvoir de vivre en étant libéré de toute forme de souffrance. Et vous serez libéré !

Vous trouverez également tout au long de ce livre des exercices simples pour mettre en pratique ces révélations, et je peux vous assurer qu'ils valent à eux seuls leur pesant d'or. J'en suis convaincue puisque je suis la preuve vivante de leur efficacité.

Le Secret vous a montré comment créer tout ce que vous voulez être, faire ou avoir. Rien n'a changé ; c'est toujours aussi vrai aujourd'hui.

Cet ouvrage révèle la plus grande découverte qu'un être humain puisse faire et vous montre comment sortir des états d'esprit négatifs, des problèmes et de tout ce que vous ne voulez pas, afin de vivre dans un bonheur et une félicité sans fin.

Il n'y a tout simplement pas mieux ! Et c'est ainsi que j'ai l'immense joie de vous présenter *Le Plus Grand Secret*.

Chapitre 1

Caché sous nos yeux

Parmi les milliards d'individus qui vivent sur notre planète, rares sont ceux qui ont découvert la vérité. Ils ne sont jamais en proie à l'agitation ou à la négativité et vivent dans un état de paix et de bonheur permanents. Pour tous les autres, que l'on en soit conscient ou non, nous recherchons cette vérité chaque jour de notre vie.

Les écrits sur ce grand secret ne manquent pas. Et bien que de nombreux sages, prophètes et guides spirituels y aient fait allusion tout au long de l'histoire, la majorité d'entre nous continue d'ignorer la plus grande découverte qu'il soit possible de faire. Le Bouddha, Krishna, Lao-tseu, Jésus-Christ, Yogananda, Krishnamurti et le Dalaï-lama, pour ne citer qu'eux, nous ont tous parlé de cette découverte.

Tous les enseignements qu'ils nous ont offerts, adaptés à leur époque, se réfèrent à la même vérité : la vérité de ce que nous sommes et de ce qu'est le monde.

« Dans certaines religions, cette vérité est exprimée moins ouvertement et moins clairement que dans d'autres, mais cela reste néanmoins la vérité qui est au cœur de chaque religion. »
Michael James, Happiness and the Art of Being

Ce grand secret est exposé au grand jour. Il est plus proche de nous que notre respiration, bien que nous ne le voyions pas ! Les traditions anciennes savaient que pour cacher un secret, il faut le placer à la vue de tous, où personne ne pensera à le chercher. Et c'est exactement là où se situe Le Plus Grand Secret.

« Il en est fait allusion, dans la tradition du shivaïsme cachemirien, comme "le plus grand secret, mieux gardé que le plus caché des secrets, et pourtant, plus évident que la plus évidente des choses". »
Rupert Spira, Être conscient d'être conscient

Si nous passons à côté de la vérité depuis des millénaires, c'est parce que nous ne regardons pas ce qui est là, sous nos yeux. Nous nous laissons si facilement distraire par nos problèmes, les drames de notre vie et les événements dans le monde que nous ne voyons pas la plus grande découverte qu'il soit possible de faire et qui se trouve pourtant là, sous nos yeux – une découverte qui nous fera passer de la souffrance à une joie et un bonheur durables.

Quel est donc ce secret à même de changer notre vie ? Quelle est donc cette découverte élémentaire ayant le pouvoir de mettre un terme à la souffrance et de nous apporter une paix et un bonheur sans fin ?

Il s'agit tout simplement du secret qui vous révèle ce que vous êtes vraiment.

Vous pensez peut-être savoir qui vous êtes mais si vous croyez être une personne ayant un nom, un âge, une origine ethnique, une profession, une histoire familiale et diverses expériences de vie, vous serez stupéfait de découvrir ce que vous êtes *réellement*.

« Le seul moyen à la portée d'un individu désireux de vous aider est de s'attaquer à vos idées. »
Anthony de Mello S.J., Quand la conscience s'éveille

Nous avons tous accepté de nombreuses idées erronées et croyances tout au long de notre vie, dont nous sommes devenus les esclaves. On nous a inculqué que la vie est faite de limitations et de manque, que nous n'avions pas assez d'argent, de temps, de ressources, que nous ne recevions pas assez d'amour ou que nous n'étions pas en assez bonne santé. On nous a dit des phrases telles que : « La vie est courte », « Vous êtes juste humain », « Il faut travailler dur et se battre pour obtenir quelque chose dans la vie », « Nous allons bientôt commencer à manquer de ressources », « Le monde est en crise », « Le monde a besoin que l'on consomme moins ». Mais quand vous découvrez la vérité, toutes ces idées erronées sont anéanties et votre bonheur naît de ces ruines.

Peut-être vous dites-vous : « Tout va bien dans ma vie, alors pourquoi aurais-je besoin de connaître Le Plus Grand Secret ? »

Pour citer le merveilleux Anthony de Mello S.J. qui n'est plus parmi nous aujourd'hui : « Parce que votre vie est un désastre ! »

Peut-être ne serez-vous pas d'accord avec cette affirmation. Moi non plus je n'avais pas ce sentiment avant de savoir ce qu'Anthony de Mello S.J. entendait par là.

Ne vous est-il jamais arrivé de vous énerver ? de vous sentir stressé ? de vous inquiéter ? de vous sentir anxieux, offensé ou blessé ? de vous sentir triste, découragé ou accablé ? de vous sentir malheureux ou de mauvaise humeur ? Si vous avez déjà éprouvé ces émotions, alors, selon Anthony de Mello S.J., votre vie est un désastre !

Peut-être pensez-vous qu'il est normal d'éprouver des émotions négatives tout au long de la journée, mais ce n'est pas ainsi que la vie devrait être. Vous pouvez vivre votre existence sans jamais être blessé, contrarié, inquiet ou effrayé et demeurer dans un bonheur *constant*.

La vie nous montre qu'il est possible de sortir de la souffrance, quelle que soit la situation difficile dans laquelle on se trouve, en particulier d'ailleurs dans les situations les plus difficiles. Mais nous ne nous en rendons pas compte. Nous sommes perdus dans nos problèmes et passons à côté de ce qui est là, juste sous nos yeux, alors même que cela pourrait nous aider à nous débarrasser des problèmes une bonne fois pour toutes !

« Nous cherchons le bonheur en multipliant les expériences, les relations, les thérapies, les ateliers, y compris ceux "spirituels" qui semblent pleins de promesses, mais rien de tout cela ne s'attaque à la cause profonde de notre souffrance : l'ignorance de notre véritable nature. »
Mooji, White Fire, *deuxième édition*

Chaque fois que nous souffrons, c'est parce que nous avons cru quelque chose sur nous-mêmes qui n'est pas vrai ; nous nous sommes pris à tort pour ce que nous ne sommes pas. *Toute* la souffrance de l'humanité se résume à une seule chose : nous identifier à tort à ce que nous ne sommes pas.

La vérité, c'est que vous n'êtes pas quelqu'un qui n'aurait aucun contrôle sur ce qui lui arrive et se passe dans sa vie. Vous n'êtes pas quelqu'un devenu l'esclave d'un travail qu'il n'aime pas et qu'il se coltinera toute sa vie pour finalement mourir. Vous n'êtes pas quelqu'un qui a du mal à boucler ses fins de mois. Vous n'êtes pas quelqu'un qui a besoin de faire ses preuves ou d'être approuvé par son entourage. La vérité, c'est que vous n'êtes même pas une personne. Vous faites certes l'*expérience* d'être une personne, mais, en définitive, ce n'est pas ce que vous êtes.

« Ce n'est pas ce que vous semblez être. Vous n'êtes pas ce que vous pensez être. »
Jan Frazier, The Freedom of Being

« Nous voyons parfois des symptômes dans la vie, mais la cause réelle qui nous échappe, c'est la compréhension et la reconnaissance de notre véritable nature. C'est le seul remède à tous les maux. »
Mooji

« Chaque fois que nous nous sentons contrariés, insatisfaits ou malheureux dans la vie, c'est à cause de notre ignorance ou de concepts erronés au sujet de ce que nous sommes réellement. C'est pourquoi, si nous voulons nous libérer de toute forme de mal-être, nous devons nous libérer de notre ignorance ou de nos concepts erronés au sujet de ce que nous sommes réellement. »
Michael James, Happiness and the Art of Being

Demandez-vous quel est votre niveau de bonheur. C'est un très bon indicateur de la façon dont se déroule votre vie. Dans quelle mesure êtes-vous heureux ? Êtes-vous vraiment heureux tout le temps ? Avez-vous le sentiment que votre vie s'écoule avec le bonheur en toile de fond ? Vous êtes censé être heureux tout le temps. Le bonheur *est* ce que vous êtes. C'est votre véritable nature. C'est ce que vous êtes réellement.

« Nous recherchons tous exactement la même chose dans la vie. Chaque être humain, et même animal, recherche cela. Et que voulons-nous tous ? Être heureux et ne pas souffrir. Un bonheur absolu et perpétuel. »
Lester Levenson, Will Power, *enregistrement audio*

Tout ce que nous faisons, tout ce que nous décidons, c'est parce que nous pensons que cela va nous rendre plus heureux. Le fait que nous aspirions tous au bonheur n'est pas une simple coïncidence. Au fond, dans cette quête du bonheur, c'est nous-mêmes que nous cherchons, même si nous n'en sommes pas conscients !

Il est impossible de trouver un bonheur durable dans les choses matérielles. Tout ce qui est matériel apparaît et finit par disparaître, de sorte que si vous cherchez le bonheur dans une chose matérielle, votre bonheur disparaîtra quand cette chose matérielle ne sera plus là. Les choses matérielles ne sont pas un problème en soi (elles sont merveilleuses et vous méritez d'avoir tout ce que vous désirez dans la vie), mais en prenant conscience que vous n'y trouverez jamais un bonheur durable, vous faites une avancée majeure ! Si les choses matérielles nous apportaient le bonheur, il ne devrait jamais nous quitter quand nous les obtenons. Mais ce n'est pas le cas. Nous nous sentons heureux quelques instants, mais, très vite, nous nous retrouvons au point de départ, à vouloir de nouvelles choses pour nous sentir bien une nouvelle fois.

La seule façon de trouver un bonheur durable et permanent est de découvrir ce que vous êtes réellement, parce que votre nature véritable EST le bonheur.

« Les gens sont malheureux parce qu'ils ne connaissent pas leur véritable Soi. La véritable nature de l'homme est le bonheur. Le bonheur est inné dans le véritable Soi. La quête du bonheur de l'homme est une quête inconsciente de son véritable Soi… Celui qui le découvre trouve un bonheur infini. »
Ramana Maharshi

« Le seul véritable but de notre existence sur cette terre est de découvrir notre état naturel sans limites ou de nous en souvenir. »
Lester Levenson, Will Power, *enregistrement audio*

« La découverte de notre véritable Soi a le pouvoir de transformer l'obscurité de l'ignorance en lumière de la compréhension pure. C'est la découverte la plus profonde, la plus importante et la plus radicale qu'il soit possible de faire. C'est un arbre dont les fruits sont immédiatement à portée de main. Quand nous réalisons ce que nous sommes – ce qui fait l'expérience du monde et le perçoit –, tout se passe au mieux. Il n'y a pas grand-chose à savoir si c'est la vérité que vous cherchez. Il n'y a pas d'innombrables connaissances à acquérir ; il s'agit simplement de reconnaître l'unique véritable Soi que vous êtes. »
Mooji

Souvenez-vous des nombreux noms qui ont été employés au fil des siècles pour désigner la découverte de ce que vous êtes réellement : éveil, réalisation de soi, découverte de soi, illumination, se souvenir… Si vous pensez que l'« éveil » n'est pas pour vous (« Je suis quelqu'un de normal », vous dites-vous), vous ne pourriez pas être plus éloigné de la vérité. Cette découverte – ce bonheur, cette liberté –, c'est ce que vous êtes, alors comment l'éveil pourrait-il ne pas être pour vous ?

« Ouvrez-vous à la possibilité d'expérimenter *la vérité* de ce que vous êtes, en cet instant même. Vous vous demandez certainement comment. Eh bien, en remarquant que le seul obstacle qui vous en empêche est votre imagination – votre résistance créée de toutes pièces par votre imagination. »
Mon maître

« Nous sommes libres, mais nous l'ignorons. Être libre peut nous sembler si impossible que cela en devient parfois le cas. Nous sommes convaincus que nous sommes à la merci de ce qui se passe mal, de ce qui se passe bien. Et pourtant, en vérité, la liberté est là, ici même. »
Jan Frazier, The Freedom of Being

« Se réaliser soi-même, c'est possible pour des personnes qui ne sont jamais allées à l'école comme pour un roi. Il n'y a pas de conditions préalables à remplir pour se réaliser soi-même. Cela n'est pas réservé à ceux qui ont des années de pratique spirituelle derrière eux : c'est possible pour quelqu'un qui a passé sa vie à boire et à fumer. »
David Bingham, sur la chaîne Conscious TV

À quoi votre vie va-t-elle ressembler ?

« Je vous parle de quelque chose que très peu de gens connaissent. Comment le décrire ? Il n'y a aucune limite, et ce dans tous les domaines.

Tout ce que vous désirez se réalise, du simple fait d'y avoir pensé. Mais il y a plus. Imaginez la plus grande joie que vous pourriez ressentir et multipliez-la par cent. »
Lester Levenson, No Attachments, No Aversions

Quand vous aurez reconnu pleinement ce que vous êtes, vous n'aurez plus de problèmes dans votre vie, vous ne vous sentirez plus en colère, blessé ou inquiet, et vous n'aurez plus peur. Vous serez libéré de la peur de la mort, et votre mental ne pourra plus vous contrôler ou vous torturer. Les idées et les croyances erronées auront disparu pour céder la place à la clarté, au bonheur, à la joie et à la paix ; vous n'aurez de cesse de vous amuser et de vous émerveiller, et chaque instant sera délicieux. Vous saurez que rien ne peut vous arriver, quoi qu'il se passe.

« Et quand vous en prenez conscience… le bonheur ultime est établi de façon permanente et éternelle, vous apportant ainsi l'immortalité, l'infinitude, une paix inébranlable, la liberté totale et d'autres choses encore que tout un chacun recherche. »
Lester Levenson et Hale Dwoskin, Happiness Is Free, *volumes 1-5*

Quand vous reconnaissez pleinement ce que vous êtes, votre vie devient facile : tout ce dont vous avez besoin semble apparaître sans que vous ayez le moindre effort à fournir. Tout est aisé, tout coule de source. La vie marquée par le manque et les limitations est derrière vous. Vous avez découvert votre pouvoir ultime sur tout ce qui existe dans le monde.

Quand vous reconnaissez pleinement ce que vous êtes, il n'y a plus de souffrance ni de lutte et vous n'êtes plus en proie à la peur et aux émotions négatives. Vous avez l'esprit tranquille et vous débordez de joie, de positivité, de contentement, d'un sentiment d'abondance et d'une paix indéfectible. Telle sera votre vie.

Pour reprendre les mots de Jan Frazier, mère et professeure de littérature :

« Imaginez : tout ce qui vous pesait jusqu'alors ne vous pèse plus. Même si c'est toujours là dans votre vie, cela n'a pas de masse, pas de gravité. Tout ce qui vous perturbait n'est plus qu'un détail dans le paysage, comme un arbre, un nuage qui passe. Il n'y a plus la moindre trace de trouble émotionnel ou mental en vous : vous vous êtes lesté de tout le poids que vous avez porté dans votre vie, parfois depuis aussi longtemps que remontent vos souvenirs. Une chose aussi familière que votre meilleur ami – qui fait autant partie de vous-même que la langue que vous parlez ou la couleur de votre peau – a inexplicablement, totalement disparu. Dans ce vide étincelant, vous vivez dans une joie sereine qui ne vous quitte plus ni le matin, ni le midi, ni le soir, qui vous accompagne partout, quelles que soient les circonstances, même dans votre sommeil. Tout ce que vous entreprenez se fait sans effort. Vous êtes heureux sans cause particulière. Rien ne vous dérange. Vous ne vous sentez jamais stressé. Si un problème apparaît, vous savez ce qu'il faut faire, vous le faites, puis vous lâchez prise. Les gens qui vous "rendaient dingues" ne vous perturbent plus. Vous éprouvez de la compassion quand vous voyez les autres souffrir, mais vous ne souffrez plus vous-même. Vous prenez plaisir à faire des choses qui vous agaçaient auparavant. Vous n'avez pas besoin de thérapie, vous ne vous ennuyez plus, vous n'éprouvez plus aucune angoisse et vous n'avez plus de sautes d'humeur. Votre mental est au repos, excepté quand vous avez besoin de lui pour effectuer une tâche. Votre vie est accomplie, sans que vous ayez quoi que ce soit à faire pour l'accomplir. Et vous savez que, quelles que soient les difficultés que vous pourriez rencontrer, vous resterez serein pour le restant de vos jours. Vous n'aurez plus jamais peur, vous ne vous sentirez plus jamais désespéré ou seul. Quoi qu'il advienne, cette joie sans cause perdurera. Imaginez. »
Jan Frazier, When Fear Falls Away

Telle sera votre vie avec Le Plus Grand Secret. Telle est votre destinée.

CHAPITRE 1 Résumé

- *Que nous en soyons conscients ou non, nous ne cessons de chercher Le Plus Grand Secret chaque jour de notre vie.*
- *Si nous passons à côté de ce grand secret, c'est parce que nous ne regardons pas ce qui est là, sous nos yeux.*
- *Si nous sommes passés à côté de la vérité depuis des millénaires, c'est parce que nous nous laissons facilement distraire par nos problèmes, les drames de notre vie et les événements dans le monde.*
- *Nous avons tous accepté de nombreuses idées erronées et croyances tout au long de notre vie, dont nous sommes devenus les esclaves.*
- *Chaque fois que nous souffrons, c'est parce que nous nous sommes identifiés à tort à ce que nous ne sommes pas.*
- *Si l'humanité souffre, c'est parce que nous avons mal identifié notre véritable nature.*
- *Vous faites certes l'*expérience *d'être une personne, mais, en définitive, ce n'est pas ce que vous êtes.*
- *Vous êtes censé être heureux tout le temps. Le bonheur est votre véritable nature.*
- *Éveil, réalisation de soi, découverte de soi, illumination, se souvenir… sont autant de mots pour désigner la découverte de ce que vous êtes réellement.*

- *Ouvrez-vous à la possibilité d'expérimenter* la vérité *de ce que vous êtes, en cet instant même.*

- *Quand vous aurez reconnu pleinement ce que vous êtes, vous n'aurez plus de problèmes dans votre vie, vous ne vous sentirez plus en colère, blessé, inquiet ou effrayé et vous vivrez dans la joie, la positivité, le contentement, l'abondance et la paix.*

Chapitre 2

Le Plus Grand Secret révélé

« Il est si proche que vous ne le voyez pas,
si subtil que votre esprit ne le comprend pas,
si simple que vous n'y croyez pas,
si bénéfique que vous ne l'acceptez pas. »
Loch Kelly, Shift into Freedom, *à propos du « joyau » selon la tradition tibétaine Shangpa Kagyu*

Comment se fait-il que si peu de personnes aient découvert la vérité ? Pourquoi n'avons-nous pas réalisé, pour la majorité d'entre nous, ce que nous sommes ? Comment des milliards d'êtres humains ont-ils pu passer à côté de quelque chose d'essentiel à leur bonheur ?

Si nous n'avons pas encore découvert Le Plus Grand Secret, c'est à cause d'un seul petit obstacle : une croyance ! Une simple croyance nous empêche de faire la plus grande découverte qui soit : la croyance selon laquelle nous sommes notre corps et notre mental.

Vous n'êtes pas votre corps

« Nous sommes venus dans ce monde pour être un corps afin d'apprendre que nous n'en sommes pas un. »
Lester Levenson et Hale Dwoskin, Happiness Is Free, *volumes 1–5*

De même que vous utilisez une voiture pour vous rendre d'un endroit à un autre, votre corps est un véhicule que vous utilisez pour vous déplacer et faire l'expérience du monde.

« Quand vous avez une voiture, vous ne dites pas que vous êtes la voiture. Alors pourquoi, quand vous avez un corps, dites-vous que vous êtes le corps ? »
Lester Levenson et Hale Dwoskin, Happiness Is Free, *volumes 1–5*

Votre corps est quelque chose de matériel, de sorte qu'il n'est pas conscient. Il ne sait pas qu'il est un corps, mais « vous » savez qu'il est un corps. Votre orteil ne sait pas qu'il est un orteil. De même, votre poignet ne sait pas qu'il est un poignet, votre tête ne sait pas qu'elle est une tête, et votre cerveau n'a aucune idée qu'il est un cerveau, mais « vous » connaissez chacune des parties de votre corps. Comment pourriez-vous être le corps si vous en connaissez toutes les parties, alors qu'aucune d'entre elles ne vous connaît ?

C'est en se posant ce genre de questions que les grands êtres du passé ont pu éclaircir le mystère de ce que nous sommes réellement.

« La pire habitude que nous avons prise depuis des millénaires est de croire que nous sommes ce corps. »
Lester Levenson et Hale Dwoskin, Happiness Is Free, *volumes 1–5*

« Nous avons oublié ce que nous sommes et nous nous sommes identifiés à des objets. Je suis ce corps, je vais donc mourir. »
Francis Lucille

« Votre crainte, c'est de cesser d'exister si le corps n'est plus là. »
Lester Levenson

Croire que vous êtes seulement votre corps engendre la plus grande crainte de l'humanité, la peur de la mort : quand votre corps meurt, vous craignez de ne plus exister. Cette peur est semblable à un nuage sombre qui planerait au-dessus de votre vie.

« Si vous voulez l'immortalité, cessez de vous identifier au corps. »
Lester Levenson et Hale Dwoskin, Happiness Is Free, *volumes 1–5*

Savoir que vous n'êtes pas votre corps est une bonne nouvelle, car votre corps prendra fin un jour, comme tout ce qui est matériel. Le monde est entièrement constitué d'éléments matériels qui ne durent pas. Cela vaut aussi pour votre corps, qui apparaît et disparaît à travers le processus de la naissance et de la mort. Ce que vous êtes *réellement* ne meurt jamais !

« Ce que vous êtes vraiment ne meurt jamais. Le corps mourra, mais le corps n'est pas ce que vous êtes. »
Mooji

« Nous sommes libres de nous identifier au corps ou à ce que nous sommes réellement. Le corps, c'est la souffrance, et ce que vous êtes, c'est la joie infinie. »
Lester Levenson et Hale Dwoskin, Happiness Is Free, *volumes 1–5*

Si vous voulez surmonter toutes les difficultés, commencez par abandonner la croyance que vous êtes votre corps.

Vous n'êtes pas votre mental

La voix qui s'exprime dans votre tête n'est pas vous, et pourtant c'est probablement ce que vous croyez depuis toujours. Si la voix dans votre tête semble être vous, si elle semble en savoir beaucoup sur vous et que vous la connaissez plutôt bien maintenant, elle n'est *en aucun cas* vous. La voix dans votre tête est votre mental, et vous n'êtes pas votre mental.

« Le mental est un amas de pensées qui ne cessent d'apparaître et de disparaître. »
Peter Lawry

« S'il n'y a pas de pensées, alors il n'y a pas de mental. Le mental est fait uniquement de pensées. »
Lester Levenson et Hale Dwoskin, Happiness Is Free, *volumes 1–5*

Vérifiez par vous-même. Où est votre mental s'il n'y a pas de pensées ? Votre mental n'est pas là.

« Il n'y a dans le mental que des pensées et des émotions, des souvenirs et des sensations. Mais êtes-vous une pensée ? Êtes-vous une émotion ? »
Rupert Spira, lors d'une conférence

Si vous étiez une pensée – mettons une pensée emplie de frustration –, vous devriez disparaître une fois le sentiment de frustration disparu. Or vous n'êtes ni une pensée, ni une sensation, ni une émotion, parce que, si tel était le cas, vous ne devriez plus être là lorsqu'elles ne sont plus là. Et vous êtes toujours là une fois qu'elles ont disparu. Vous êtes là avant l'apparition d'une pensée, de même que vous êtes là avant l'apparition d'une émotion ou d'une sensation, et vous demeurez inchangé lorsqu'elles ne sont plus là. Cela paraît assez évident lorsqu'on examine la question. Nous avons certes des pensées, des émotions et des sensations, mais nous ne sommes pas cela.

D'une certaine façon, les raisons pour lesquelles nous ne voyons pas ce que nous sommes réellement sont faciles à comprendre : le corps et le mental forment une combinaison très convaincante. Notre esprit produit des pensées en continu qui contiennent pour la plupart le mot « je », comme si le mental était ce que nous sommes. De plus, comme toutes nos sensations corporelles viennent aussi du mental, cela renforce la croyance que nous sommes notre corps.

« La façon dont les autres vous voient contribue à votre sentiment d'être une personne. Lorsque des choses arrivent, elles semblent vous arriver à "vous", ou alors vous pensez les avoir provoquées. Vous vous intéressez à ce qui se passe en raison de l'effet que cela a sur vous. Ce qui vous "anime", c'est de vouloir être à l'abri d'événements fâcheux et que les choses se passent sous un jour favorable. Vous semblez bel et bien réel. »
Jan Frazier, The Great Sweetening: Life After Thought

Cela ne veut pas dire que vous n'avez pas un corps et un mental, mais simplement qu'ils ne sont pas ce que vous êtes *réellement*. Tout comme votre voiture, ce ne sont que des instruments réglés avec précision dont vous vous servez pour faire l'expérience du monde matériel.

« L'identification au corps et au mental est la seule chose qui vous empêche de voir ce que vous êtes vraiment. Cette identification erronée masque votre vrai Soi. »
Mooji

Êtes-vous réellement la personne que vous pensez être ?

« Au vu de tous les efforts que nous mettons en œuvre pour renforcer l'ego – l'importance que nous accordons à l'estime de soi, à la réputation, à la réussite, à l'apparence physique et à l'acquisition de biens matériels –, la possibilité d'atteindre l'éveil est déjà un miracle en soi. »
Jan Frazier, The Freedom of Being

L'ego, le soi imaginaire, le prétendu soi, le soi séparé et le soi psychologique sont différents mots utilisés par les enseignants et les sages pour désigner ce que nous prenons à tort comme notre identité. Toutes ces descriptions se rapportent à un corps et à un mental qui forment ensemble ce qu'on appelle « une personne ». Pour dire ce que nous sommes, nous nous référons pour la plupart d'entre nous à cette « personne » que nous pensons être.

« Une personne est ce que vous expérimentez, ce n'est pas ce que vous êtes. »
Mooji

« Il n'y a rien qui soit une personne. Si vous dites "Je suis une personne", alors il faut préciser laquelle – il y a eu un jour un nouveau-né, puis un enfant qui fait ses premiers pas, puis un adolescent… et tout ce processus sera bientôt terminé. »
Deepak Chopra™, M.D.

Votre personnalité ne cesse de changer, alors, si votre personnalité est vous, quelle personne êtes-vous ? Êtes-vous la personne en colère, aimante, frustrée, contrariée ou au grand cœur ? Vous pensez peut-être être toutes ces personnes, mais ce n'est pas possible, car si tel était le cas, la personne en colère ne disparaîtrait jamais, elle serait toujours là. De même, si la personne frustrée était réellement vous, lorsque la personne frustrée disparaît, une partie de vous-même devrait disparaître avec elle. Or, comme vous l'aurez certainement remarqué, cela ne se passe pas ainsi. Vous êtes là avant qu'apparaisse la personne en colère et vous êtes toujours là après sa disparition. Vous êtes là avant qu'apparaisse la personne frustrée et vous êtes toujours là après sa disparition. De toute évidence, vous n'êtes ni vos humeurs changeantes ni votre personnalité.

« La personnalité est un outil utile, mais elle ne peut définir ce que vous êtes. Ce que vous êtes se trouve bien au-delà de ce que vous pensez être. »
Jac O'Keeffe

« Le principal obstacle à la découverte de la vérité de ce que nous sommes réellement est de nous considérer comme un amas de pensées, de souvenirs, d'émotions et de sensations. Pris ensemble, ils forment un soi ou une

entité illusoire. Croire que je suis cette entité est le seul obstacle. Tous nos problèmes d'ordre psychologique sont dus à ce soi imaginaire que nous prenons à tort pour ce que nous sommes. »
Rupert Spira, lors d'une conférence

« La personne semble exister uniquement en raison de la croyance tenace et jamais remise en question selon laquelle il y a là une "personne" réelle. Or la personne – ou l'ego – ne peut exister sans cette croyance qui n'est que le produit de notre imagination. En vérité, il n'y a absolument pas de personne. Le seul locataire de cette maison qu'est le corps est le Soi pur, ce que vous êtes. Tout le reste n'est qu'invention. Il n'y a pas deux locataires dans ce corps, il n'y en a jamais eu qu'un seul. La croyance en l'ego procure un sentiment de réalité, mais ce n'est pas la réalité, juste une fiction. »
Mooji

En quoi la croyance que nous sommes un ego ou une personne est-elle un problème ?

Nous avons le sentiment d'être tout petits et extrêmement vulnérables. Nous craignons qu'il nous arrive malheur. Nous avons peur de tomber malades, de vieillir et de mourir. Nous craignons de perdre ce que nous avons et de ne pas obtenir ce que nous désirons. Nous vivons en état de manque, persuadés qu'il n'y a « pas assez » d'argent, de temps, d'énergie, d'amour, de bonheur ou qu'on n'est pas en assez bonne santé, et que la vie est trop courte. Pire encore, nous pensons ne pas être assez bien *nous-mêmes*. Rien de tout cela n'est vrai – c'est même l'opposé de la vérité –, et nous ne connaîtrons jamais un bonheur durable tant que nous n'abandonnerons pas la croyance selon laquelle nous sommes seulement une personne.

« Ce qu'il y a de tragique et de comique dans la condition humaine, c'est que nous passons la plus grande partie de notre existence à penser, ressentir, agir, percevoir et établir des relations sur la base d'un moi illusoire. »
Rupert Spira, The Ashes of Love

« L'ego n'est pas ce que vous êtes. Mais comme il est très bruyant, vous ne pouvez pas entendre ce que vous êtes réellement. Si vous le laissez continuer à s'exprimer aussi fort, si vous le nourrissez et l'arrosez, c'est de la folie. »
Jan Frazier, Opening the Door

« Selon moi, tout le monde souffre du poison de la personne : vivre la vie trop personnellement, percevoir la vie trop personnellement, prendre les choses trop personnellement. Lorsque vous réagissez à la vie sur un mode personnel, vous êtes dans une forme d'aveuglement. Vous ne voyez pas les choses sous le bon angle. »
Mooji

Certes, vous *faites l'expérience* d'un corps, vous *faites l'expérience* d'un mental et vous avez l'expérience d'*être une personne*, mais ce ne sont que les plus infimes parties de vous-même. En fin de compte, ces parties ne sont pas vous, car, lorsqu'elles cessent, *vous* ne cessez pas.

« Il n'y a "personne" dans une personne. »
Shakti Caterina Maggi

Mais il existe un vous *réel*.

« Pourquoi est-il si difficile de voir au-delà de l'ego, de s'en défaire, de cesser de croire en sa solidité ? Pourquoi s'accroche-t-on à ce soi apparemment réel, alors qu'en dessous et au-dessus et partout autour se trouve une réalité splendide et bien réelle sur laquelle on peut s'appuyer pour se nourrir et s'établir dans une parfaite sérénité ? Pourquoi nous en priver pour une chose si fade en comparaison, qui cause tant de problèmes et engendre même de la souffrance ? »
Jan Frazier, Opening the Door

Nous faisons tous semblant

Vos pensées, vos émotions, vos sensations et vos croyances œuvrent de concert sans discontinuer pour vous convaincre que vous êtes une personne. Nous faisons tous semblant. Nous faisons mine d'être minuscules. Nous faisons comme si nous étions très limités. Nous prétendons être une personne qui naît, vit un temps et finit par mourir, et que cette mort est la fin de ce que nous sommes. Mais rien ne pourrait être plus éloigné de la vérité !

« Nous sommes obsédés par un personnage imaginaire qui n'existe pas. »
Shakti Caterina Maggi

Ce personnage imaginaire est tout à faire comparable à un personnage de film. Nous savons que l'acteur jouant le personnage existe, mais le personnage du film sait-il que l'acteur existe ? Non, le personnage du film est imaginaire.

Chacune de nos pensées vient conforter la croyance que nous sommes une personne. Si vous vous penchez sur vos pensées, vous verrez qu'il y a un « moi » au centre de chacune d'entre elles. Ces pensées centrées autour du « moi » que vous croyez être vous répètent non-stop que vous êtes une petite personne limitée.

Quand vous confondez la voix qui s'exprime dans votre tête avec ce que vous êtes réellement, vous croyez tout ce qu'elle vous dit ; vous prenez pour argent comptant toutes les pensées qui apparaissent dans votre mental.

Des pensées telles que :
« Je vieillis. »
« Je suis trop fatigué. »
« Je ne suis pas assez bien. »
« Je n'y arrive pas. »
« Je n'ai pas le temps. »
« Je ne suis plus aussi en forme qu'avant. »
« Je n'ai pas assez d'argent. »
« Je ne suis pas assez intelligent. »
« Ma vue a baissé. »
« Je ne me sens pas aimé. »
« Untel ou unetelle ne m'apprécie pas. »
« Je ne le mérite pas. »
« J'ai peur de mourir. »
« Je ne sais pas quoi faire. »

Toutes ces pensées sont des limitations que vous impose votre mental. Ce que vous êtes réellement est *illimité*, ce qui signifie que plus rien n'a de pouvoir sur vous !

Mon maître explique que si nous nous sentons « petits », c'est à cause des pensées limitantes que nous entretenons en permanence (comme celles indiquées plus haut), et que si nous ne faisions pas semblant d'être petits et limités, nous verrions la vérité de ce que nous sommes réellement.

Tout ce qui relève d'une « personne » est à l'opposé de ce que vous êtes vraiment. La personne est imparfaite. Ce que vous êtes réellement est parfait. La personne est temporaire et limitée. Ce que vous êtes réellement est permanent et illimité. La personne naît et meurt. Ce que vous êtes réellement ne naît ni ne meurt jamais. La personne est personnelle et instable. Ce que vous êtes réellement est impersonnel et toujours stable. La personne a des humeurs changeantes. Ce que vous êtes réellement est bonheur et paix à chaque instant. La personne est pleine de jugements et d'opinions. Ce que vous êtes réellement accepte tout. La personne tombe malade et vieillit. Ce que vous êtes réellement n'est pas soumis au temps qui passe ni sujet à la maladie. La personne souffre. Ce que vous êtes réellement ne connaît jamais la souffrance. Ce que vous êtes réellement existe pour l'éternité.

Échanger le sentiment d'être malheureux contre la vérité

La seule façon de vivre dans la joie et de connaître un bonheur durable consiste à faire l'expérience de votre véritable nature. La seule façon d'échapper à une vie pleine de problèmes, d'états d'esprit négatifs et de disputes, c'est de connaître la vérité à propos de ce que vous êtes réellement.

« Ce que vous êtes réellement est infiniment grand et majestueux, complet, parfait et totalement serein, mais comme vous vous prenez pour un ego limité, vous ne vous en rendez pas compte. Retirez le bandeau que vous

avez sur les yeux et vous connaîtrez une paix et une joie parfaites. Quand vous vous serez trouvé, vous aurez tout. »
Lester Levenson et Hale Dwoskin, Happiness Is Free, *volumes 1–5*

« La vie, ce n'est pas résoudre une succession de petits problèmes, car des problèmes, il y en aura toujours. La vie nous indique la seule chose essentielle que nous ne voyons pas : notre soi véritable qui ne change jamais. La plupart des gens vivent en se prenant à tort pour des personnes ayant un corps, alors qu'ils sont le Soi véritable. »
Mooji

« Il peut y avoir de la tragédie dans l'histoire de notre vie, mais, en réalité, aucune tragédie ne nous arrive. L'histoire est là uniquement pour nous apprendre à faire la distinction. Dès l'instant où nous comprenons cet enseignement, l'histoire elle-même change pour se révéler n'être que beauté, amour et intelligence. Laissez tomber la notion selon laquelle le malheur est inévitable. Tant que vous resterez attaché à cette notion, il y aura des malheurs dans votre vie. »
Francis Lucille

« Dans la parabole biblique, l'homme qui s'identifie au corps et à l'esprit est celui qui construit sa maison sur du sable. Pour réaliser sa véritable nature, il faut construire sa maison sur le roc. »
David Bingham

Il n'y a rien à faire pour découvrir cette vérité, parce que vous l'êtes déjà. Comment pourriez-vous vous chercher vous-même ? Le fait est que pour la majorité d'entre nous, nous détournons le regard de ce que nous sommes réellement.

Avez-vous déjà regardé un dessin qui renferme deux images en une ? Dans un premier temps, vous ne voyez qu'une seule image clairement, sans voir l'autre. Malgré tous vos efforts, la seconde semble vous échapper parce que votre attention est centrée sur la première.

Si vous voulez que l'autre image vous apparaisse, vous devez changer de perspective et modifier *très légèrement* votre regard.

Dans la célèbre image de Rubin, soit vous voyez d'abord deux personnes qui se regardent, soit vous voyez un vase. Si vous voulez voir clairement les deux images, vous devez changer votre façon de regarder.

La plupart du temps, nous voyons en nous uniquement un corps et un mental, c'est-à-dire une personne. Pour voir clairement ce que nous sommes, comme dans l'image de Rubin, nous devons changer de perspective, ne serait-ce que très légèrement.

La révélation

Puis-je vous poser une question simple ?

Êtes-vous conscient ?

La réponse est « oui », car sinon vous ne seriez pas conscient de la question que je viens de vous poser. Je vous repose la question.

Êtes-vous conscient ?

Oui, vous êtes conscient. Vous étiez conscient quand vous étiez un nouveau-né, pendant toute votre enfance, votre adolescence et votre vie adulte. Vous êtes conscient tout au long de votre vie.

La conscience est la seule chose stable dans votre vie. Votre corps ne cesse de changer, de même que votre mental, vos pensées, vos émotions et vos sensations. La seule chose qui demeure inchangée est la conscience que vous en avez.

Cette conscience *est ce que vous êtes réellement*.

Vous êtes la Conscience.

« Vous l'êtes. Elle est si proche de vous que vous ne la voyez pas. C'est à travers ses yeux que vous regardez le monde qui vous entoure. »
Jan Frazier, The Freedom of Being

« Quand nous disons "je", nous avons été conditionnés à croire qu'il s'agit du corps, alors que le "je" réel se rapporte à la Conscience. »
David Bingham

Vous n'êtes ni un corps, ni un mental, ni un ensemble de pensées, d'émotions, de souvenirs ou de sensations. Vous êtes ce qui est *conscient* de votre corps, de votre mental, de vos pensées, de vos émotions, de vos souvenirs et de vos sensations. Vous êtes la Conscience elle-même.

« Lorsque vous rencontrez la Conscience, quelque chose en vous la reconnaît. »
Mooji

Vous êtes conscient de lire ce livre. Vous êtes conscient des sons autour de vous. Vous êtes conscient de la pièce dans laquelle vous vous trouvez. Vous êtes conscient de votre nom. Vous êtes conscient de votre corps et des vêtements que vous portez, de votre respiration et de vos sensations corporelles. Vous êtes conscient de votre palais dans la bouche, de vos doigts, de la plante de vos pieds. Vous êtes conscient de votre mental, des pensées dans votre tête, de vos émotions et de vos humeurs.

Pour résumer, sans la Conscience, vous ne pourriez ni connaître ni expérimenter la vie dans tous ses aspects.

Vous êtes la Conscience qui est consciente de tout

La Conscience, c'est ce qui est conscient de toutes nos expériences. Ni le mental ni le corps ne sont conscients de votre vie. En tant que Conscience, vous êtes conscient du mental, des pensées et du corps, et tout ce dont vous êtes conscient ne peut être vous.

Comme le fait observer Bob Adamson, « le marin », la seule chose dont nous soyons absolument certains, c'est que nous existons. Et la seule façon de savoir que nous existons est notre conscience d'exister. Nous croyons à tort que notre conscience d'exister provient du mental ou du corps, mais ce n'est pas le cas. Notre conscience d'exister est ce que nous sommes réellement, ce n'est donc ni le mental ni le corps.

Imaginez, juste un court instant, que vous n'avez ni corps ni mental.

Retirez votre corps.

Retirez votre mental.

Retirez votre nom.

Retirez votre histoire de vie, c'est-à-dire tout votre passé.

Retirez tous vos souvenirs, toutes vos croyances et toutes vos pensées.

Et observez ce qui reste.

Ce qui reste, c'est la Conscience.

« Si l'on devait attirer notre attention sur le papier blanc sur lequel sont écrits ces mots, nous en deviendrions soudain conscients. En réalité, nous avons toujours été conscients de ce papier, mais sans le réaliser en raison de notre concentration exclusive sur les mots imprimés. La Conscience est semblable au papier blanc. »
Rupert Spira, Être conscient d'être conscient

De même que le papier blanc est toujours là, la Conscience est toujours présente à l'arrière-plan de notre vie. Si nous portons généralement toute notre attention sur notre mental et sur nos pensées, sur notre corps et sur nos sensations, c'est parce qu'ils sont très forts pour attirer notre attention. Mais nous ne pourrions pas expérimenter le mental et ses pensées, ni le corps et ses sensations si la Conscience n'était pas consciente d'eux, de même que nous ne pourrions pas voir les mots s'il n'y avait pas l'arrière-plan du papier sur lequel les mots sont imprimés.

« En prêtant attention à cet arrière-plan, ne serait-ce qu'un peu, vous découvrirez un tout nouveau monde. »
Hale Dwoskin

« [Être conscient] est l'élément le plus évident de l'expérience, et pourtant le plus ignoré. »
Rupert Spira, Être conscient d'être conscient

« Ce qu'il y a de subtil et que nous ne remarquons pas, c'est que toute chose est connue directement par la conscience. Or nous sommes fermement convaincus que tout provient du mental. Par exemple, nous avons pris l'habitude de dire "je pense", mais en réalité, en y regardant de plus près, nous remarquons qu'il y a une conscience de l'acte de penser… Vous n'êtes donc pas vos pensées, parce que quelque chose est conscient du fait que vous pensez. »
David Bingham, sur la chaîne Conscious TV

Ce qui regarde à travers vos yeux, c'est la Conscience ! Ce qui écoute à travers vos oreilles, c'est la Conscience ! Sans la Conscience, vous ne seriez pas conscient de tout ce que vous voyez, entendez, goûtez, sentez ou touchez, et vous ne feriez pas l'expérience des informations qui vous parviennent par l'intermédiaire de vos sens. Vos sens ne sont pas conscients ; c'est la Conscience qui est consciente de tous vos sens.

« L'appareil avec lequel nous percevons le monde n'a aucune activité propre, il ne peut rien voir par lui-même. Un télescope n'est qu'un instrument sans l'œil d'un astronome. Il ne voit rien par lui-même. De même, l'appareil du mental ne voit rien par lui-même. »
Francis Lucille, The Perfume of Silence

« Vous êtes la Conscience qui est consciente de tout ce qui est. »
David Bingham

« La conscience individuelle – le sentiment de "je suis une personne, un individu séparé, un mental ou une âme contenu dans les limites d'un corps…" – n'est que le fruit de votre imagination, une forme erronée de la conscience pure que nous sommes, qui est "je suis", mais elle n'en reste pas moins la cause première de tous nos désirs et de toutes nos souffrances. »
Michael James, Happiness and the Art of Being

« Le "moi" que nous imaginons être n'est qu'une pensée parmi d'autres. »
Kalyani Lawry

« Notre nature réelle, le soi réel infini que nous sommes, c'est nous, moins le mental. »
Lester Levenson et Hale Dwoskin, Happiness Is Free, *volumes 1–5*

Notre mental déforme le monde que nous voyons en ajoutant des couches de pensées et de croyances les unes sur les autres. Chacune de ces couches déforme un peu plus le monde et nous empêche de voir les choses telles qu'elles sont réellement.

« Le mental ne découvrira jamais ce que vous êtes. En réalité, le mental ne fait que le masquer. Il faut commencer par lâcher le mental pour découvrir ce que vous êtes. »
Lester Levenson et Hale Dwoskin, Happiness Is Free, *volumes 1–5*

Chercher à voir la vérité avec votre mental, c'est comme essayer de voir quelque chose en ayant un bandeau sur les yeux. Il faut commencer par retirer le bandeau pour voir quelque chose, tout comme vous devez lâcher le mental pour voir ce que vous êtes réellement.

« Chercher à comprendre la conscience avec votre mental, c'est comme essayer d'allumer le soleil avec une bougie. »
Mooji, White Fire, *deuxième édition*

Nous n'en sommes bien souvent pas conscients, mais la plupart du temps, nous prêtons attention uniquement aux bruits des pensées qui s'élèvent dans notre mental. La Conscience est toujours présente, mais quand le brouhaha des pensées cesse, il est bien plus facile de s'en rendre compte. Quand les pensées cessent, nous prenons pleinement conscience de la Conscience qui n'a jamais cessé d'exister en silence dans l'arrière-plan.

Le mental qui vient tout obscurcir

« Nous sommes tellement habitués à nous connaître à travers nos problèmes, nos drames et nos obsessions que la conscience consciente d'elle-même

– qui est notre vraie nature et ce qu'il y a de foncièrement bon en nous – est difficile à accepter comme étant notre véritable identité. »
Loch Kelly, Shift into Freedom

La « Conscience consciente d'elle-même » est le mot qu'emploie Loch Kelly pour désigner la Conscience. Les maîtres du présent et du passé utilisent différents mots pour décrire ce que vous êtes : la Conscience, la Conscience consciente d'elle-même, la Conscience cosmique, l'Être, la nature de Bouddha, la Conscience du Christ, la Conscience de Dieu, l'Esprit, le Soi, l'Être infini, l'Intelligence infinie, l'Être illimité, notre Véritable Nature, notre Soi véritable, la Présence de Dieu, la Conscience-Présence, la Conscience pure. Ces mots décrivent tous la même chose : la Conscience que vous êtes.

« Nous sommes si intelligents et notre vie est si compliquée qu'il nous est difficile de croire qu'il suffit de découvrir la conscience consciente d'elle-même pour ne plus souffrir. Tout comme nous avons du mal à croire que la plus grande découverte que l'on puisse faire se trouve déjà là, en nous ; nous n'avons pas besoin d'entreprendre une odyssée pour la trouver, l'obtenir ou la développer. »
Loch Kelly, Shift into Freedom

« La bonne blague, c'est la simplicité de tout ce qui est. »
Peter Lawry

C'est effectivement une bonne blague, car ce que nous sommes vraiment, qui est plus proche de nous que notre propre souffle, passe inaperçu pour la majorité des êtres humains depuis des millénaires.

Si nous passons à côté de la découverte la plus simple et la plus merveilleuse qui soit, c'est parce que nos pensées ont un effet hypnotique sur nous : quand nous laissons le mental faire sa loi, nous perdons de vue la Conscience. Nous avons pris l'habitude de porter toute notre attention sur les pensées qui naissent dans notre mental et sur tout ce que nous percevons par l'intermédiaire de nos sens. Et comme notre attention est détournée, nous ne voyons pas ce qui est toujours présent, c'est-à-dire la Conscience.

« Le corps et le mental ne sont pas un problème. Le seul problème, c'est de les prendre pour la présence-témoin, la conscience. Tant que l'on identifie cette présence-témoin au corps et au mental, elle ne peut se révéler dans toute sa splendeur. »
Francis Lucille, The Perfume of Silence

« Le temps d'un instant, retirez la *personne*. Ce n'est qu'un vêtement parmi d'autres, tout élimé, marqué par des années de sueur et de larmes. »
Pamela Wilson

« Croire que notre Soi – la Conscience vide, ouverte et lumineuse – partage les mêmes limitations et la même destinée que le mental et le corps, c'est comme croire que l'écran partage les limitations et la destinée d'un personnage de film. »
Rupert Spira, The Ashes of Love

« Les gens pensent être des êtres humains, mais ils sont l'Être infini. Ils se leurrent quant à leur identité, mais ce qu'ils sont réellement ne les a jamais quittés et demeure toujours présent. »
David Bingham

Votre mental apparaît uniquement quand vous avez une pensée et disparaît dès que cette pensée prend fin. Mais la Conscience n'apparaît et ne disparaît jamais. La Conscience est toujours présente, même pendant votre sommeil. La Conscience semble disparaître quand vous vous endormez et semble réapparaître quand vous vous réveillez. Vous savez toutefois quand vous avez passé une bonne nuit, parce que vous dites : « J'ai bien dormi. J'ai dormi comme un bébé. » Comment savez-vous que vous avez dormi comme un bébé ? Vous le savez parce que la Conscience était présente pendant tout le temps que vous dormiez.

Quand vous vous posez la question « Suis-je conscient ? », vous prenez aussitôt conscience de la Conscience. Elle n'apparaît pas ; elle a toujours été présente. Vous avez tout simplement retiré votre attention des *pensées* pour la diriger sur la *Conscience*, et c'est ce qui vous permet de savoir que vous êtes conscient.

Tout ce qui n'est pas Conscience finit par prendre fin ou mourir. Sans exception, toute chose matérielle apparaît et disparaît. Absolument tout sur terre – les corps, les villes, les pays, les océans – apparaît et finit par disparaître. Prenez un moment pour y réfléchir et vous verrez que rien ne subsiste. Tout est passager, y compris la planète, le Soleil, le système solaire et même l'Univers. Rien n'est éternel, hormis la Conscience. Vous êtes Conscience et vous êtes là pour l'éternité !

Notre corps vieillit, mais quand les gens vieillissent, ils disent qu'ils n'ont pas le sentiment d'avoir vieilli et qu'ils ont l'impression de ne pas avoir changé. Ils admettent que leur corps vieillit, mais, en leur for intérieur, ils n'éprouvent pas cet état de fait. Sans s'en rendre compte, ils ressentent la Conscience atemporelle qu'ils sont réellement.

« Quand vous avez des souvenirs de votre passé, de votre enfance, qui se souvient ? Ce "je" qui dit "Je me souviens" est celui qui connaît l'expérience, celui qui se souvient de l'expérience. »
Deepak Chopra™, M.D.

Ce « je » que l'on pense être à cinq ans, à quinze ans, à trente ans et à soixante ans est la Conscience sans âge qui est le témoin de toute notre vie.

À cinq ans : « *Je* vais bientôt aller à l'école. »

À quinze ans : « *Je* suis impatient de passer mon bac. »

À trente ans : « *Je* viens tout juste de me fiancer. »

À soixante ans : « *Je* ne suis pas encore prêt pour la retraite. »

« La réalisation de soi, c'est voir que les apparences changeantes à la surface de la vie émanent de cette Conscience toujours présente et parfaitement stable que nous sommes réellement et que nous n'avons jamais cessé d'être. »
David Bingham, sur la chaîne Conscious TV

« Ce n'est pas un conte de fées. Cette possibilité est aussi réelle qu'un arbre, que la politique, que les racines qui arriment l'arbre au sol ou que des journaux et les articles qu'ils contiennent. Elle est aussi réelle que l'équipe des Red Sox, le prix de l'essence, un différend qui vous oppose à votre belle-famille ou une note de frais de scolarité… En vérité, elle est bien plus réelle que tout cela, mais nous avons du mal à le percevoir et à le ressentir, sans même parler d'en avoir une connaissance directe. »
Jan Frazier, Opening the Door

« Il n'y a personne qui ne soit pas en contact direct avec cette ainsité fondamentale et infinie de l'Être qui n'est que perfection, présence, joie et éternité. Il n'y a personne sur terre qui ne soit pas en contact direct avec Cela en cet instant même ! Mais du fait de nos conditionnements, de la croyance tenace que nous sommes limités et de notre quête tournée vers l'extérieur, notre vue est obscurcie. Nous avons recouvert d'un voile l'Être infini que nous sommes en ayant des pensées telles que "Je suis ce corps physique" ou "Je suis ce mental" ou encore "Avec ce corps physique et ce mental, je n'aurai que des problèmes". »
Lester Levenson et Hale Dwoskin, Happiness Is Free, *volumes 1–5*

« C'est l'état auquel il est fait référence dans la plupart des religions – qui parlent par exemple de "libération" ou de "salut" –, parce que seul cet état de véritable connaissance de soi peut nous libérer ou nous sauver de l'attachement qui consiste à se prendre pour un individu séparé dont la conscience serait confinée à l'intérieur d'un corps physique. »
Michael James, Happiness and the Art of Being

Dans certaines religions, on dit que la Conscience est la présence de Dieu. Lors d'une expérience divine – l'expérience d'avoir le sentiment d'être touché par Dieu –, le mental et l'ego s'effondrent et la Conscience, ou présence de Dieu, est révélée. Ce sentiment d'amour pur, de paix infinie, de beauté, de bonheur et de félicité ne peut être pris pour autre chose que le divin.

« En réalité, nous sommes l'Être infini et non l'être humain. Nous sommes l'Être infini ayant une expérience humaine. »
David Bingham

En bien des aspects, la vérité de ce qu'est la vie et de ce que nous sommes est à l'exact opposé de ce que l'on nous a appris. Au lieu de chercher le bonheur, la plénitude, les réponses et la vérité dans le monde extérieur, nous devons nous tourner vers l'intérieur et regarder en nous-mêmes, car c'est là que nous trouverons tout ce que nous avons toujours cherché. Notre monde extraordinaire et tout ce qu'il contient est là pour que nous en profitions, mais ce n'est qu'en vous-même que vous trouverez le bonheur, la joie, l'amour, la paix, l'intelligence et la liberté – ce qu'est la Conscience, votre véritable nature.

CHAPITRE 2 *Résumé*

- *Une seule croyance nous empêche de faire la plus grande découverte qui soit : la croyance que nous sommes notre corps et notre mental.*
- *Vous n'êtes pas votre corps ; votre corps est un véhicule que vous utilisez pour faire l'expérience du monde. Votre corps n'est pas conscient.*
- *Croire que vous êtes seulement votre corps engendre la plus grande crainte de l'humanité, la peur de la mort.*
- *Ce que vous êtes* vraiment *ne meurt jamais.*
- *Vous n'êtes pas votre mental ; le mental est fait uniquement de pensées. S'il n'y a pas de pensées, alors il n'y a pas de mental.*
- *Vous n'êtes ni une pensée, ni une sensation, ni une émotion, parce que, si tel était le cas, vous ne devriez plus être là lorsqu'elles ne sont plus là.*
- *Votre corps et votre mental forment ensemble ce qu'on appelle une personne – le soi imaginaire.*
- *Une personne est ce que vous expérimentez, ce n'est pas ce que vous êtes.*
- *Nous ne connaîtrons jamais le véritable bonheur durable tant que nous resterons attachés à la croyance que nous sommes une personne.*
- *Vous* faites l'expérience *d'un corps, vous* faites l'expérience *d'un mental, et vous avez l'expérience d'*être une personne, *mais ce que vous êtes n'est ni votre corps ni votre mental.*

- *Nous nous voyons comme des personnes petites et limitées à cause de nos pensées qui ne sont que des restrictions.*

- *Ce que vous êtes réellement est* illimité, *ce qui signifie que plus rien n'a de pouvoir sur vous.*

- *Vous êtes conscient tout au long de votre vie. La Conscience est la seule chose stable dans votre vie.*

- *Cette Conscience est ce que vous êtes* réellement. Vous êtes la Conscience.

- *Sans la Conscience, vous ne pourriez ni connaître ni expérimenter la vie dans tous ses aspects.*

- *Ni le mental ni le corps ne sont conscients de votre vie. La Conscience, c'est ce qui est conscient de toutes vos expériences.*

- *Imaginez que vous n'avez pas de corps, ni de mental, de nom, de vécu, de passé, de souvenirs, de croyances et de pensées. Ce qui reste est la Conscience.*

- *La plupart du temps, nous prêtons attention uniquement aux pensées et à tout ce que nous percevons, et passons ainsi à côté de ce qui est toujours présent : la Conscience.*

- *La Conscience est toujours présente, même pendant votre sommeil.*

- *Quand vous vous posez la question « Suis-je conscient ? », vous prenez aussitôt conscience de la Conscience. Elle n'apparaît pas ; elle a toujours été présente.*

- *Tout ce qui n'est pas Conscience finit par prendre fin ou mourir.*

- *Ce « je » que nous disons être à différents âges est le « je » atemporel de la Conscience qui est le témoin de toute notre vie.*

- *Au lieu de chercher le bonheur dans le monde extérieur, nous devons nous tourner vers l'intérieur et regarder en nous-mêmes : le seul endroit où nous trouverons tout ce que nous avons toujours cherché.*

Chapitre 3

La révélation (suite)

Vous *êtes* Conscience ; vous n'êtes pas une personne qui est *consciente* de quelque chose. Vous êtes la Conscience infinie elle-même.

Comme l'a dit Francis Lucille, un télescope n'est qu'un instrument sans l'œil d'un astronome. De même, votre corps et votre mental sont des instruments. Aussi je vous le demande : qui regarde à travers vos yeux ? Vous, la Conscience ! Qui écoute les sons ? Vous, la Conscience ! Votre corps est vivant grâce à la Conscience, la force de vie qui anime votre corps.

« L'erreur fondamentale consiste à croire qu'un être humain fait l'expérience de la conscience. Or ce n'est pas le cas. Seule la conscience est consciente, ce qui signifie que seule la conscience peut expérimenter la conscience. Quand je vous demande : "Êtes-vous conscient ?", vous vous arrêtez pour vous pencher sur votre expérience et vous répondez : "Oui". Ce "oui" est une affirmation de la conscience par elle-même. Ce n'est ni un corps ni un cerveau qui font l'expérience d'être conscients. Nous faisons l'expérience du corps et du cerveau, mais ce ne sont pas eux qui expérimentent. »
Rupert Spira, lors de la conférence « The Light of Consciousness »

Il n'y a que l'Un : notre nom est « je »

« Seule la conscience est consciente. Les êtres humains ne sont pas conscients. Les chiens et les chats ne sont pas conscients. Les animaux ne sont pas conscients. Seule la conscience est consciente. Il n'y a qu'une seule conscience, de même qu'il n'y a qu'un seul espace dans l'univers. Comme cette conscience se déploie dans notre mental, nous avons l'impression qu'il dispose de sa propre quantité de conscience, tout comme chaque bâtiment semble contenir son propre espace. Mais la conscience avec laquelle notre mental est conscient de son expérience est la seule et unique conscience, la conscience infinie, tout comme l'espace contenu dans chaque bâtiment est le même espace. »
Rupert Spira, lors de la conférence « Awareness Is the Only Aware Entity in Existence »

La Conscience infinie – la seule et unique Conscience – *c'est vous*, et tous les autres ! Il n'y a qu'une seule Conscience et cette Conscience est à l'œuvre en tout un chacun. Il n'y a qu'un seul « nous ». Nous nous appelons « je ».

« Il n'y a qu'un seul "je" et c'est ce que vous êtes ; c'est ce que tout le monde est. »
David Bingham

C'est l'unique Conscience qui opère à travers toutes les formes de vie. Toutes les formes physiques ne sont que différents véhicules pour l'unique et merveilleuse Conscience infinie. Telle est la signification véritable de l'enseignement « Nous sommes un ».

La « Conscience » et « ce que vous êtes » désignent la même chose.

« La conscience très ordinaire, qui entend ces mots en cet instant même et les comprend, est aussi la conscience divine présente en chacun de nous. Il n'existe aucune entité séparée dans tout le cosmos. »
Francis Lucille, Truth Love Beauty

« Nous sommes Un. Il n'y a qu'un seul "nous". Il n'y a qu'un seul Soi : nous. »
Mooji, White Fire, *deuxième édition*

C'est un peu comme les milliards de cellules individuelles qui sont présentes et actives dans notre corps. Chacune d'elle, prise séparément, demeure inconnue, alors qu'elle fait bien partie de nous. Des milliards d'êtres dans le monde pensent agir en tant qu'individus, alors qu'ils sont en réalité le seul et unique Être infini.

« On nous a inculqué que la conscience est personnelle et limitée, que chaque être est doté d'une conscience séparée et individuelle et qu'il existe par conséquent une multitude de consciences. Mais il y a une chose que nous n'avons pas prise en considération : s'il est facile de vérifier que deux objets sont séparés, étant donné qu'il est possible de voir leurs frontières et leurs limites, il n'est pas possible de trouver une frontière ou une limite à la conscience. »
Francis Lucille, Truth Love Beauty

S'il n'y a qu'une seule Conscience, pourquoi ne connaissez-vous pas les pensées ou les sensations dans le corps des autres ? Ou ce qu'un animal en Afrique voit ou entend ? La réponse à ces questions, c'est que la Conscience s'est déployée à travers votre mental qui est logé dans votre corps. Croire que vous êtes un individu séparé vous empêche également de faire l'expérience de la Conscience qui se déploie en toute chose. Mais quand vous éprouvez de la compassion ou de l'amour pour les autres, vous êtes certainement beaucoup plus proche de l'unique Conscience que vous ne le pensez.

Nous avons tous eu des aperçus dans notre vie de ce qu'est la Conscience, mais, le plus souvent, nous les avons ignorés, n'y voyant que le fruit de notre imagination ou un tour que nous jouerait notre esprit. Que nous nous en souvenions ou non, nous avons eu des expériences que nous ne pouvons pas expliquer, en particulier pendant notre enfance, par exemple la sensation de devenir de plus en plus grand au point de contenir le monde, ou le fait d'avoir vu ou entendu des choses que personne d'autre ne pouvait voir ou entendre.

Les enfants sont plus réceptifs à la Conscience parce que leur mental ne l'a pas encore dissimulée sous un ensemble de concepts et de croyances. Jusqu'à l'âge de deux ans et demi, les enfants ne sont que Conscience pure. Ils ne se perçoivent pas comme séparés, et c'est pourquoi ils parlent d'eux à la troisième personne. Lorsqu'elle se voit sur une photographie, Sarah, deux ans, se montre du doigt et dit : « C'est Sarah ! » Elle ne dit pas « C'est moi », parce qu'elle ne fait pas encore *l'expérience d'elle-même* en tant que « moi », une personne séparée. Son expérience, c'est qu'il n'y a qu'un seul Un et que c'est ce qu'elle est et que tout le monde est.

« Il n'y a rien d'autre que notre conscience. Il n'y a qu'une seule conscience et c'est ce que nous sommes. »
Lester Levenson et Hale Dwoskin, Happiness Is Free, *volumes 1–5*

La Conscience est partout dans notre corps et partout en dehors de notre corps ; la Conscience ne peut être contenue dans votre corps, parce que la Conscience est sans forme. C'est comme si vous vouliez enfermer l'espace dans un bocal, alors que l'espace se trouve bien évidemment à l'intérieur et à l'extérieur du bocal. Le bocal est *dans l'espace*, de même que tous les corps sont *dans la Conscience*. Absolument tout est contenu dans la Conscience, et c'est la raison pour laquelle les êtres éveillés vivent leur vie en ayant la sensation d'être tout, parce qu'ils *sont* tout. Et en tant que Conscience, c'est aussi ce que vous êtes !

« Derrière vos yeux se trouve la même conscience, la seule conscience qui est derrière les yeux de Jésus, du Bouddha, de Krishna et derrière tous les yeux. »
Mon maître

Prenez le temps d'y réfléchir. Votre Conscience est la même Conscience que celle de tous les grands êtres. En réalité, vous êtes plus proches d'eux que vous le pensez. Vous êtes Un avec eux.

« Le mystère, la magie, c'est que cette conscience ordinaire que nous tenons pour acquise, au point parfois de nier son existence, est au fond la conscience de l'univers lui-même, son centre véritable. »
Francis Lucille, Truth Love Beauty

Comment demeurer en tant que Conscience

Il n'y a aucune méthode à suivre pour devenir la Conscience que vous êtes ; ce n'est pas quelque chose qu'il faudrait atteindre ou que seules certaines personnes possèdent et que vous n'avez pas. Vous l'*êtes déjà*, en cet instant même, même si vous n'en êtes pas conscient. De même, si vous avez pensé toute votre vie que vous n'étiez qu'une entité personnelle, cela ne change en rien ce que vous êtes vraiment.

« Vous pouvez tout perdre, mais vous ne perdrez jamais la conscience que vous êtes. »
Mooji, Plus vaste que le ciel, plus grand que l'espace

Les êtres humains qui savent être la Conscience infinie expérimentent le monde matériel de manière absolument formidable. Leur mental a reflué à l'arrière-plan, laissant ainsi la Conscience au premier plan. Comme ils se sont débarrassés de l'agitation du mental, ils ont le cœur léger, ils sont heureux tout le temps et rient beaucoup. Ils débordent de joie et vivent leur vie quotidienne à partir de la Conscience. Ils n'ont presque jamais de problèmes et tout ce qu'ils ont rêvé de vivre se réalise. Et parce qu'ils vivent en étant conscients d'être la Conscience, ils savent en leur for intérieur qu'ils sont immortels. Ils savent qu'ils sont tout, tout en sachant que rien ne peut les affecter. Il n'y a pas meilleure vie sur terre !

« Chaque petite chose – même ordinaire – que vous faites ou voyez vibre de ce sentiment d'exister. Il est parfois difficile de ne pas pleurer devant la beauté des choses les plus ordinaires. Les lignes des murs par rapport à la surface plane du parquet. Son horizontalité. Les poils du tapis. Le bruit d'une voiture qui passe. L'odeur de la peau de votre bras. Tout cela est miraculeux. »
Jan Frazier, Opening the Door

Vous devez néanmoins en faire l'expérience par vous-même. Entendre cette vérité par ouï-dire n'est qu'une sorte de guide, un panneau pointé dans la bonne direction. C'est un peu comme si un employé d'une agence de voyages vous décrivait le mont Everest. Vous ne saurez pas ce qu'est le mont Everest tant que vous n'y serez pas allé vous-même et que vous n'en aurez pas fait l'expérience par vous-même. C'est la seule façon de le connaître.

« En vérité, il est impossible de ne pas demeurer dans cet espace ouvert de conscience. Mais le connaître, c'est autre chose. »
Francis Lucille, The Perfume of Silence

« Vous ne pouvez pas être hors de la conscience ! Si vous ne le voyez pas, c'est uniquement parce que vous avez pris l'habitude de prêter attention à vos pensées. »
Peter Lawry

Nous pouvons diriger notre attention sur les pensées qui nous passent par la tête ou sur la Conscience que nous sommes. Il suffit de détourner son attention des pensées et de la porter sur la Conscience. Faites-le aussi souvent que possible et vous serez sur la voie de la liberté et de la félicité parfaites.

La pratique de la Conscience
Trois étapes pour connaître la félicité

La pratique de la Conscience est la méthode que j'utilise pour demeurer sciemment en tant que Conscience. Elle ne consiste pas à *devenir* Conscience, puisque vous l'êtes déjà. Vous pouvez tout à fait vivre votre vie en étant pleinement conscient de la Conscience que vous êtes. Ces trois étapes vous permettront de vivre votre existence en étant totalement libéré et dans un état de bonheur durable et absolu.

Première étape : demandez-vous : « Suis-je conscient ? »
Deuxième étape : remarquez la Conscience.
Troisième étape : demeurez en tant que Conscience.

Première étape
Demandez-vous : « Suis-je conscient ? »

Ne cherchez pas à répondre à cette question avec votre mental ; les idées ne peuvent pas vous aider à expérimenter la Conscience. Chaque fois que vous vous posez cette question, retirez votre attention du mental et des pensées et dirigez-la sur la Conscience. Quand vous posez la question « Suis-je conscient ? », la Conscience est présente instantanément. Le mental tentera probablement d'intervenir et produira aussitôt une nouvelle pensée. Il suffira alors de reposer la question. Plus vous vous poserez la question et plus vous demeurerez en tant que Conscience, plus vos pensées et votre mental seront apaisés.

« Remarquez que le mental, toujours fluctuant, a un arrière-plan qui reste inchangé. »
Hale Dwoskin

Après avoir posé la question « Suis-je conscient ? », vous devriez vous sentir soulagé, parce que toutes les résistances contenues dans le mental et le corps auront commencé à s'effondrer. Au fil du temps, quand vous vous serez posé et reposé cette question, ce sentiment de soulagement se transformera en un sentiment subtil de bonheur serein. Et comme votre mental sera plus apaisé, vous éprouverez un sentiment de paix et sentirez la joie rayonner en vous dans la région du cœur.

C'est parce que votre mental a reflué à l'arrière-plan que vous vous sentez soulagé. Plus le mental reste en retrait, ce qui permet à la Conscience d'apparaître au premier plan, plus vous vous sentez soulagé et heureux. Il y a félicité lorsque la Conscience demeure en permanence au premier plan et que le mental retrouve sa juste place.

Souvenez-vous que la Conscience est sans forme et ne peut donc être saisie. C'est comme l'amour. Vous savez que l'amour existe, mais vous ne pouvez pas l'attraper, n'est-ce pas ? Vous pouvez avoir des sentiments d'amour dans votre tête, mais vous ne pouvez pas les prendre dans vos mains. Il en est de même pour la Conscience. Vous ressentez dans votre corps la sensation de soulagement et le sentiment de bonheur générés par la Conscience, mais vous ne pouvez ni les saisir ni vous y accrocher.

Si le fait de demeurer sciemment en tant que Conscience peut sembler difficile au début, c'est parce que nous avons pris l'habitude d'écouter nos pensées.

« Dès que l'on remarque cela, on peut aussitôt se demander : "Suis-je conscient ?", ce qui invite le mental à se détourner des objets de la connaissance ou de l'expérience, pour se tourner vers son essence ou sa source. »
Rupert Spira, Être conscient d'être conscient

Pour rompre définitivement avec l'habitude des pensées incessantes, il suffit de demeurer dans la Conscience infinie que vous êtes. Vous ne pourrez pas vous servir du mental pour arrêter le mental ou mettre fin à l'habitude de penser. C'est la raison pour laquelle de nombreuses personnes n'arrivent pas à méditer : elles essaient de calmer le mental par le mental au lieu de laisser les pensées aller et venir sans leur prêter la moindre attention.

Si la plupart des gens ne parviennent pas à avoir l'esprit en paix, c'est parce que le mental produit continuellement des pensées et qu'ils ignorent qu'il est possible de retirer leur attention de leurs pensées. Se libérer de l'emprise du mental apporte un immense soulagement. Il suffit pour cela d'observer simplement les pensées au lieu de tomber dans le piège qui consiste à emprunter leur chemin et à les croire.

Deuxième étape
Remarquez la Conscience

Après avoir pratiqué quelque temps la première étape, vous en viendrez à remarquer automatiquement la Conscience. Vous n'aurez plus besoin de vous demander « Suis-je conscient ? », car aussitôt que vous penserez à la Conscience, elle se retrouvera au premier plan et votre mental retournera à l'arrière-plan.

« Permettez à l'expérience d'être conscient de venir au premier plan et laissez les pensées, les images, les sentiments, les sensations et les perceptions refluer à l'arrière-plan. Observez simplement l'expérience d'être conscient. C'est là que résident la paix et le bonheur auxquels tout le monde aspire. »
Rupert Spira, Être conscient d'être conscient

Dirigez votre attention vers la Conscience et observez sa présence tout au long de la journée. Très vite, vous ressentirez un soulagement et un bonheur exquis chaque fois que vous abandonnerez l'agitation du mental pour demeurer dans la paix profonde de la Conscience.

« Vous êtes à un carrefour à chaque instant. Vous pouvez être ce que vous êtes, ou être ce que vous n'êtes pas. Vous choisissez à chaque seconde. »
Mon maître

Si vous avez le sentiment que votre mental masque la Conscience ou si vous pensez que vous l'avez perdue et que vous ne parvenez pas à la retrouver, demandez-vous : « Qu'est-ce qui est conscient que la Conscience est perdue ? » C'est la Conscience elle-même ! Vous verrez alors que vous serez conscient d'être Conscience.

Si vous pensez ne pas avoir encore découvert la Conscience, demandez-vous : « Qu'est-ce qui est conscient que je n'ai pas encore découvert la Conscience ? » C'est aussi la Conscience. Et maintenant, vous êtes conscient de la Conscience !

« Vous êtes déjà la conscience elle-même, et non la personne qui veut être consciente. »
Mooji

Êtes-vous conscient de votre corps en cet instant même ? C'est la Conscience qui est consciente de votre corps. Êtes-vous conscient du siège sur lequel vous êtes assis ? C'est la Conscience qui est consciente de ce siège. Êtes-vous conscient de votre respiration ? C'est la Conscience qui est consciente de votre respiration. C'est aussi simple que cela.

« Chaque fois que vous y songez, revenez à la conscience du moment présent. Faites-le des centaines de fois par jour, car, rappelez-vous, tout votre pouvoir se situe dans la conscience que vous avez de ce pouvoir. »
Le Secret

Troisième étape
Demeurez en tant que Conscience

« Au début, vous avez le sentiment de rendre visite à la conscience, mais au fur et à mesure que vous continuez à découvrir qu'elle est bien réelle, tout sentiment de peur ou de séparation disparaît. »
Mooji

Demeurer en tant que Conscience dépend de là où vous portez votre attention. Voici comment mon maître l'explique simplement, en comparant notre mental à l'objectif d'un appareil photo. Notre mental dispose d'une fonction automatique qui lui permet de se centrer sur des détails, de même que vous utilisez la fonction zoom de votre appareil photo pour faire un plan rapproché. Nous fonctionnons la plupart du temps avec le mental réglé en mode zoom, ce qui explique pourquoi notre vision du monde est si étroite et si déformée. À l'inverse, quand on veut faire une photo panoramique, on élargit la focale de façon à obtenir un grand-angle. Il en est de même pour la Conscience : si vous ouvrez grand votre attention de façon à ne plus vous centrer sur un détail, la Conscience est révélée. Cette analogie est un moyen simple pour demeurer en tant que Conscience et laisser les choses être ce qu'elles sont.

Je vous propose maintenant, pour vous exercer, de choisir quelque chose à regarder autour de vous et de fixer votre attention uniquement sur cette chose. Vous pouvez utiliser votre main si vous pensez que cela peut vous aider. Ensuite, ouvrez votre attention aussi largement que possible de façon à embrasser tout votre champ de vision, sans vous centrer sur un détail en particulier. Remarquez comme vous éprouvez immédiatement un sentiment de soulagement et de détente dans le corps. C'est parce que votre mental est concentré en permanence, cela demande beaucoup d'efforts. Mais quand vous ouvrez votre attention aussi grand que possible, le mental a reflué à l'arrière-plan pour laisser la Conscience apparaître au premier plan. Vous vous sentez soulagé parce que la Conscience est *sans effort* ; elle voit et connaît tout sans avoir besoin d'une mise au point.

« Celui que vous prenez pour ce que vous êtes, celui qui veut que certaines choses arrivent n'a aucun pouvoir. Il dit : "Je dois m'occuper de telle et telle chose". C'est la Conscience qui s'occupe de tout. »
Mon maître

« Moins vous croirez que c'est vous qui agissez, plus vous serez une force positive pour le monde que rien ne pourra arrêter. »
Hale Dwoskin

Moi aussi, j'étais tout le temps dans le « faire ». J'étais fière de mes capacités à accomplir toutes sortes de choses et à jongler avec plusieurs activités en même temps. C'était devenu mon identité. J'étais la reine du « faire » ! Évidemment, à cause de cette croyance, l'Univers ne cessait de m'envoyer des choses à faire.

Mais tout cela a changé à partir du moment où je me suis définitivement défait de l'idée de ce que je pensais être pour m'établir dans la Conscience que je suis. Non seulement je suis plus heureuse que jamais, mais au lieu de faire, faire et toujours faire, les choses semblent se faire d'elles-mêmes naturellement, sans que j'aie besoin d'intervenir. Et quand je dois m'occuper de quelque chose, c'est comme si je ne m'en occupais pas ; cela ne me demande aucun effort. La vie est alors un miracle !

Consacrez au minimum cinq minutes par jour à diriger votre attention sur la Conscience, que ce soit le matin au réveil ou le soir avant d'aller vous coucher, ou à tout autre moment qui vous convient. Si vous tenez autant que moi à vivre une vie de rêve, vous porterez ensuite votre attention sur la Conscience plus souvent, mais en commençant par cinq minutes par jour, vous constaterez déjà un grand changement dans votre vie. C'est aussi facile que cela.

Souvenez-vous qu'il ne s'agit pas de devenir Conscience, car vous êtes déjà la Conscience infinie, mais plutôt de cesser de vous identifier au mental et au corps, car ce n'est pas ce que vous êtes.

« Au début, vous avez le sentiment de devoir faire un effort pour revenir sans cesse vers cette présence accueillante, mais il arrive un moment où cela devient si naturel que vous avez plutôt le sentiment que c'est de quitter cette présence qui demande un effort. Vous vous sentez à la maison. »
Francis Lucille, The Perfume of Silence

À un moment donné, vous saurez avec certitude que vous êtes au royaume des cieux ou, pour ceux qui préfèrent utiliser le mot « Dieu », en présence de Dieu. Être en présence de Dieu ou dans le royaume des cieux, c'est être au-delà du mental.

« Quand vous perdez les yeux de l'ego, vous voyez avec les yeux de Dieu. »
Mooji

Après avoir pratiqué ainsi pendant quelque temps, vous découvrirez que la Conscience apparaît de plus en plus souvent au premier plan et que votre mental est beaucoup plus calme. D'autres signes vous indiqueront que vous avez progressé dans la pratique : votre vie sera plus facile et sans effort, vous vous sentirez plus apaisé, ce qui vous ennuyait avant ne vous ennuiera plus, vous vous sentirez plus serein, vos émotions seront plus stables et vous constaterez que vous ne vous laissez plus aussi souvent emporter par des émotions négatives. À dire vrai, vous commencerez à vous sentir plus heureux que jamais. Vous serez de plus en plus conscient de la tendance de votre mental à se plaindre, à critiquer et à ne voir que le négatif. Vous constaterez également qu'en ayant détourné votre attention de vos pensées, vous ne laissez plus votre mental gouverner votre vie.

« Dès l'instant où nous prenons conscience que nous sommes le Soi parfait et non ce corps et ce mental limités, il n'y a plus de problèmes. »
Lester Levenson et Hale Dwoskin, Happiness Is Free, *volumes 1–5*

La Conscience est plus grande que chaque chose séparée dont elle est consciente. La personne est limitée, mais la Conscience est illimitée, ce qui signifie que *tout* est possible. Il n'y a rien qui puisse vous restreindre, absolument rien qui puisse prendre le pouvoir sur vous !

« Nous semblons avoir l'expérience d'une conscience limitée, mais en y regardant de plus près, nous voyons que c'est impossible. Ce qui est conscient des limitations transcende les limitations et se situe par conséquent au-delà de celles-ci. »
Francis Lucille, The Perfume of Silence

Rien ne peut troubler la Conscience ! Plus aucun problème ne peut vous perturber. La négativité ne vous touche plus. Les guerres ne vous affectent plus. En tant que Conscience, rien de mal ne peut vous arriver. Plus rien n'a le pouvoir de vous blesser ou de vous détruire. Qu'est-ce qui pourrait vous menacer ? Vous contenez tout ce qui est. Vous êtes tout ce qui est. Commencez simplement par vous établir dans la Conscience que vous êtes et portez votre attention sur la Conscience aussi souvent que possible ; vous verrez, votre vie sera merveilleuse !

« Les limitations apparentes du monde ne peuvent plus vous leurrer. Vous les voyez comme un rêve, comme une apparence, parce que vous savez que ce que vous êtes profondément est sans limites. »
Lester Levenson et Hale Dwoskin, Happiness Is Free, *volumes 1–5*

CHAPITRE 3 *Résumé*

- *Vous êtes la Conscience ; vous n'êtes pas une personne qui est consciente de quelque chose.*
- *Un télescope n'est qu'un instrument sans l'œil d'un astronome, et votre corps et votre mental sont des instruments de la Conscience.*
- *Il n'y a qu'une seule Conscience, celle qui est à l'œuvre en tout un chacun.*
- *Vous n'êtes pas conscient des pensées ou des sensations dans le corps des autres, parce que la Conscience s'est déployée à travers votre mental qui est logé dans votre corps.*
- *La Conscience est présente partout dans votre corps et partout autour.*
- *Nous pouvons diriger notre attention sur les pensées qui nous passent par la tête ou sur la Conscience que nous sommes. Portez votre attention sur la Conscience aussi souvent que possible.*
- *La pratique de la Conscience*
  Première étape : demandez-vous : « Suis-je conscient ? »
  Deuxième étape : remarquez la Conscience.
  Troisième étape : demeurez en tant que Conscience.
- *Pour rompre définitivement avec l'habitude des pensées incessantes, demeurez simplement dans la Conscience que vous êtes.*
- *Portez votre attention sur la Conscience en étant conscient de celle-ci à différents moments de la journée.*

- *Une méthode simple pour demeurer en tant que Conscience consiste à ouvrir grand votre attention comme vous le feriez en élargissant la focale de votre appareil photo. Quand vous n'êtes plus centré sur un détail, la Conscience est révélée.*

- *Pour vous exercer, choisissez quelque chose à regarder autour de vous et fixez votre attention uniquement sur cette chose. Ouvrez maintenant votre attention aussi largement que possible, un peu comme si vous vouliez faire une photo panoramique, sans vous centrer sur un détail en particulier.*

Chapitre 4

Vous rêvez… Il est temps de vous réveiller

Selon bon nombre de maîtres spirituels et de traditions anciennes, tout notre monde, votre vie et la vie de tous les êtres ne sont qu'un rêve. Ils ne disent pas que notre monde et tout ce qu'il contient est *comme* un rêve, mais qu'il est fait littéralement de la même substance que nos rêves et qu'il est tout aussi illusoire. Quand vous demeurez constamment en tant que Conscience, vous savez que votre vie et le monde ne sont pas la réalité que vous pensiez : ils sont un rêve.

« La vie est un rêve : nous rêvons que nous sommes une personne qui vit dans un monde que nous pensons réel. Nous ne nous rendons pas compte que tout cela n'est qu'un rêve. Le monde entier tel que nous le voyons maintenant n'est qu'un rêve-illusion qui n'a jamais existé. La vérité se trouve juste derrière le monde apparent. »
Lester Levenson et Hale Dwoskin, Happiness Is Free, *volumes 1–5*

« Nous devrions nous ouvrir à la possibilité que le monde soit un rêve. Tout change alors complètement. C'est ainsi que cela se passe. Si cette expérience d'éveil est vue comme un rêve, notre comportement change et nous constatons que la façon dont les personnages ou la situation évoluent dans le rêve change aussi. »
Francis Lucille, The Perfume of Silence

« Nous sommes en ce moment même dans un rêve lucide. Une partie de ce rêve est ce que nous appelons le mental, le corps et l'univers. »
Deepak Chopra™, M.D.

« Comme le rêve forme un tout homogène, il est quasiment impossible d'en sortir. »
Mon maître

Quand vous rêvez la nuit, votre mental crée votre corps, des personnes (certaines que vous connaissez et d'autres pas), des villes, des maisons, des véhicules, de la nourriture, des objets, des arbres, la nature, des animaux, le soleil, les étoiles et le ciel. Il crée aussi le temps qui passe, le jour, la nuit, des voix, des sons et tout ce qui se produit dans votre rêve. Votre mental crée tout un monde. Il crée une version de vous imaginaire et rend les choses si réelles que vous ne les remettez pas en question, jusqu'au moment où vous vous réveillez, pour réaliser que ce n'était qu'un rêve !

« Vous aurez probablement remarqué l'une des principales caractéristiques des rêves. La plupart du temps, ce "vous" qui apparaît dans le rêve n'a pas conscience d'être dans un rêve. C'est l'ironie de la chose. Les personnages du rêve considèrent d'emblée qu'ils sont bien réveillés ! Or ces personnages ne le sont pas et les expériences vécues ne sont pas réelles. Mais quand on rêve, on ne s'en rend pas compte. Une autre caractéristique des rêves, comme vous l'aurez peut-être observé, est que du point de vue des personnages du rêve, il n'y a rien au-delà de lui. Ils ignorent totalement qu'il existe une autre forme de conscience bien réelle. Ils n'ont aucune idée de ce qui leur échappe. »
Peter Dziuban, Simply Notice

« Quand nous rêvons la nuit, tout nous semble réel. Si nous voyons un tigre, nous en avons peur, car nous ignorons que c'est nous qui l'avons créé. Sans cela, nous ne serions pas effrayés, n'est-ce pas ? Cela démontre qu'une illusion peut sembler bien réelle quand nous sommes sous son

emprise. Mais quand nous prenons conscience de sa nature illusoire, nous comprenons que c'est nous qui l'avons créée. »
Francis Lucille, Truth Love Beauty

Tout en étant pleinement conscient que le monde est un rêve, vous continuez à faire preuve de respect envers lui ainsi qu'envers votre corps physique. Vous n'allez pas sauter du haut d'un immeuble, car l'immeuble, le sol, votre corps et la gravité sont faits de la même substance que celle du rêve, et vous vous en rendriez vite compte ! Comme l'a dit un maître : « Si vous venez me pincer dans un rêve, je le sentirai ! »

« Dans un rêve, dix ans peuvent passer en moins d'une minute. Vous pouvez avoir un bébé et, l'instant d'après, l'emmener à l'école. Quand vous vous réveillez, vous réalisez que le corps dans le rêve était une illusion. Vous constatez que le temps auquel il était soumis était lui aussi une illusion, mais que, du point de vue du rêve, il semblait réel. »
Francis Lucille, The Perfume of Silence

« Si l'on prend l'état de rêve, par exemple, on peut faire un rêve qui s'étend sur cinquante ans, mais quand on se réveille, on réalise qu'en fait il ne s'est rien passé. Cela ne semblait réel qu'en raison de l'identification à la conscience de l'état de rêve. De même, l'état de veille n'est qu'un jeu extrêmement convaincant produit par la conscience. »
David Bingham, sur la chaîne Conscious TV

« Les lois de la physique sont celles qui s'appliquent à ce rêve éveillé. Quand on rêve la nuit, les lois de la physique sont différentes, et c'est ce qui explique que l'on puisse voler la nuit ! »
Francis Lucille, The Perfume of Silence

Peu importe ce qui se passe dans le rêve de notre vie « terrestre », la fin est la même pour tout le monde : nous finissons tous par nous réveiller pour découvrir que tout cela n'était qu'un rêve ! C'est la raison pour laquelle les maîtres spirituels nous invitent à nous « éveiller », c'est-à-dire s'éveiller à l'illusion et se rendre compte que tout cela n'est qu'un rêve. Quand nous nous éveillons à cette réalité, nous découvrons que personne n'a jamais été blessé, que personne n'a souffert et que personne n'est mort, tout comme lorsque vous vous réveillez complètement terrifié après avoir fait un cauchemar, pour réaliser avec soulagement qu'en réalité, personne n'a été blessé, qu'il ne s'est rien passé d'horrible et que ce n'était qu'un rêve.

« Si vous pouvez aller au cinéma, voir un film de guerre, souffrir et dire en sortant : "Quel film magnifique !", vous pouvez aussi prendre cette vie comme un long-métrage fait d'images cosmiques. Soyez prêt à faire toutes sortes d'expériences qui se présenteront à vous et à prendre conscience qu'elles ne sont toutes que des rêves. »
Paramahansa Yogananda, La Quête éternelle de l'homme

« Voir le monde comme un rêve est une pratique importante qui vous aidera à briser son apparente solidité. »
Francis Lucille

S'éveiller

« La plus grande guérison, c'est de s'éveiller à ce que nous ne sommes pas. »
Mooji

« C'est comme si votre regard passait d'un objet à un autre. C'est aussi subtil. C'est comme expirer. Quand vous serez prêt, vous le ferez. Ne vous dites pas que vous ne serez jamais prêt. Ne pensez pas que c'est impossible. Cela arrive partout autour de vous, à des gens comme vous. Ce qui les affectait avant ne les affecte plus. Ils continuent à vivre leur vie et rayonnent de joie. Ils se sentent bien, quoi qu'il arrive. Ne soyez pas jaloux et ne doutez pas d'eux. Devenez ainsi vous-même et vous connaîtrez la joie. Et quand vous connaîtrez la joie, vous ne comprendrez pas pourquoi vous avez accepté aussi longtemps de vivre autrement. »
Jan Frazier, Opening the Door

Je sais que, pendant des dizaines d'années de ma vie, j'ai été endormie. Je le sais, parce que je peux dire précisément à quelle date, à quel moment et dans quelles circonstances je me suis réveillée pour la première fois ! Depuis cet instant, j'ai eu de nombreux petits moments d'éveil et un autre éveil de grande ampleur. S'éveiller, c'est comme sortir du brouillard, quand le ciel s'est soudain dégagé et que vous voyez clairement tout ce qui est.

Certaines personnes se sont éveillées en étant allongées sur leur canapé, d'autres en se dirigeant vers leur voiture dans un parking, d'autres encore en entendant le chant d'un oiseau, la parole d'un maître ou en lisant un livre. Beaucoup se sont éveillées après avoir vécu un événement terrible ou alors qu'elles traversaient une crise personnelle, à un moment où leur vie touchait le fond. Et pour chacune d'elles, ce n'est qu'au moment où elles se sont éveillées qu'elles ont réalisé qu'avant elles étaient endormies.

« La plupart des êtres sont assoupis et l'ignorent. Ils sont nés endormis. Ils vivent dans leur sommeil ; ils se marient dans leur sommeil ; ils conçoivent leur progéniture dans le sommeil ; et ils meurent sans même se rendre compte qu'ils ont passé leur vie endormis. Ils vivent une vie machinale, ont des pensées machinales – généralement celles des autres –, des émotions machinales, des réactions machinales, et ils agissent machinalement. Ils ne saisissent jamais le charme et la beauté de cette aventure que nous appelons l'existence. »
Anthony de Mello S.J., Quand la conscience s'éveille

Notre mental fonctionne de manière mécanique, un peu comme un programme informatique. Alors, si nous sommes gouvernés par notre mental, notre vie est mécanique. Si l'argent vous a toujours manqué, c'est à cause du mental machinal qui vous répète en boucle les mêmes idées de « manque d'argent ». Vous donnez du pouvoir à ces pensées en les croyant et continuez ainsi à faire l'expérience du manque d'argent. Voilà comment fonctionnent les pensées créées par le mental qui nous limitent, alors que la Conscience n'est qu'abondance.

Quand vous vous éveillerez et commencerez à vivre votre vie en demeurant dans la Conscience, votre vie sera merveilleuse, au-delà de tout ce que vous pouvez imaginer maintenant. Le monde vous apparaîtra dans toute sa splendeur, débordant de beauté et d'amour, et vous verrez très clairement que tout est comme il faut, à sa place, et que tout va bien. Lorsque nous laissons le mental être aux commandes de notre vie, nous ne percevons pas le monde tel qu'il est réellement.

Le mental égotique désapprouve et conteste pratiquement tout. Comme il est centré sur lui-même et incapable de voir la totalité de l'image, il ne fait que juger et critiquer, et comme il n'a qu'une perspective limitée de la vie, il a besoin de voir des problèmes.

« C'est vrai que le réveil est pénible. On est si bien dans son lit. C'est agaçant de se faire réveiller. Voilà pourquoi le sage gourou n'essaie pas de réveiller les gens. J'espère que je vais être aussi sage et ne faire aucune tentative pour vous réveiller si vous êtes endormi. Cela ne me regarde vraiment pas, même si je vous dis parfois : "Réveillez-vous !" »
Anthony de Mello S.J., Quand la conscience s'éveille

Nous avons tous le même but dans la vie : nous éveiller à ce que nous sommes – la Conscience – et profiter du fabuleux spectacle que le monde nous offre. Quand vous êtes éveillé, vous êtes *dans* le monde, et non pas *du* monde, ce qui signifie que vous êtes complètement libéré de ses problèmes.

Comme je l'ai indiqué dans le chapitre précédent au sujet de la pratique de la Conscience en trois étapes, la dernière étape consiste à demeurer en tant que Conscience et à ne plus se laisser happer par le mental et l'ego. Certaines personnes s'éveillent subitement et restent en permanence dans cet état d'éveil, tandis que d'autres s'éveillent progressivement. Tous s'accordent toutefois à dire que le processus d'éveil continue à s'approfondir sans fin.

« On ne peut plus dire : "C'est réservé aux saints ou aux moines zen", "Il faut plusieurs vies pour y arriver", ou encore "C'est pour les pratiquants spirituels sérieux, les gens qui ne savent pas profiter de la vie ou ceux qui ont telle ou telle croyance..." Sachez que c'est aussi pour vous, que

vous pouvez vous établir dans cet état et vivre une vie merveilleuse. Vous n'avez pas à l'obtenir ni à le mériter. C'est libre d'accès, toujours là. Ce n'est pas une récompense. C'est inné. »
Jan Frazier, Opening the Door

C'est en vous éveillant à ce que vous êtes réellement que vous mettrez fin à *toute* négativité et connaîtrez un bonheur permanent. C'est la destinée de tout être humain sur terre. C'est *votre* destinée. Vous pouvez faire en sorte que ce soit votre vie maintenant !

La montagne de la Conscience

Il y a des années de cela, l'Imperator de l'Ordre de la Rose-Croix a eu recours à la métaphore de « la montagne de la Conscience » pour m'aider à mieux comprendre les différents niveaux de conscience.

Quand vous êtes au pied d'une montagne, dans la vallée, vous avez une vision très réduite, très étroite et très limitée, vous ne voyez pas ce qu'il y a au-dessus de vous ni autour. Et comme vous ignorez ce qui se trouve de l'autre côté de la vallée, vous avez très peur de l'inconnu.

Pendant votre ascension, vous commencez toutefois à remarquer des changements. Plus vous grimpez, plus votre vision des choses s'élargit, parce que vous voyez plus loin, au-delà de ce que vous pouviez percevoir quand vous étiez au pied de la montagne. En prenant un peu de hauteur, les choses vous semblent différentes, parce que vous les percevez beaucoup plus clairement. Vous avez toujours des craintes, mais beaucoup moins que lorsque vous étiez encore dans la vallée.

Et si vous poursuivez votre ascension, vous constatez que l'atmosphère est différente, de même que la végétation, et que vous voyez encore plus loin qu'avant. À cette hauteur, la vie vous semble très différente, et comme vous percevez maintenant toutes sortes de choses qui vous étaient cachées, vous avez moins peur de l'inconnu.

Une fois arrivé au sommet de la montagne, vous voyez le panorama complet. Il n'y a absolument plus rien qui demeure caché. Votre vision du monde et d'au-delà du monde s'étend dans toutes les directions. Vous voyez les gens dans la vallée et leur vision limitée, et vous savez, de là où vous vous trouvez, qu'ils n'ont aucune raison d'avoir peur. Vous voyez aussi tous ceux qui en sont à différents stades de leur ascension de la montagne et ce qui limite encore leur vision. Tout là-haut, au sommet de la montagne, vous voyez la beauté et la perfection de tout ce qui est. Vous voyez que tout est à sa place et que personne n'a de raison de s'inquiéter ou d'avoir peur. Le spectacle, la merveille et le mystère de la vie qui vous sont révélés sont tout simplement d'une magnificence absolue. Et quand les gens dans la vallée verront toute cette splendeur, ils seront eux aussi libérés.

« Quand nous sommes au sommet d'une montagne ou que nous regardons les étoiles, nous éprouvons un sentiment d'infini – ce que nous sommes vraiment –, c'est pourquoi tant d'êtres aspirent à le connaître. »
David Bingham

« À un niveau de conscience plus élevé, plus rien de ce qui constitue ce mental personnel n'a d'importance, vous vous tenez sur la montagne de votre propre être tout en étant les nuages qui passent en dessous. Là où vous êtes, plus rien n'a d'importance ! Plus rien, absolument plus rien ! Et tout n'est que perfection. »
Mooji, White Fire, *deuxième édition*

Maintenant que vous savez qui vous êtes, vous avez commencé à vous éveiller ! La seule chose qui vous empêche encore d'être en permanence ce que vous êtes réellement, c'est votre mental. Votre mental possède des pouvoirs fabuleux dans le monde matériel. Il peut en effet produire toute chose matérielle, tout événement ou toute circonstance que vous désirez, mais si vous croyez à ses pensées négatives, ses pouvoirs créatifs se retournent contre vous. Le mental ne pose aucun problème en soi, il ne devient gênant qu'à partir du moment où vous le prenez pour ce que vous êtes.

Lorsque le mental essaie de parler à votre place, souvenez-vous que la voix que vous entendez dans votre tête n'est pas vous. Votre mental n'est pas une entité réelle, mais un processus mécanique. Il est fait uniquement de pensées provenant de programmes formés par les croyances qui sont stockées dans votre mental subconscient. Le mental subconscient – l'endroit où sont entreposés nos croyances, nos souvenirs, les traits de notre personnalité, nos automatismes et nos habitudes – ne fonctionne pas différemment d'un ordinateur, en ce sens qu'il est totalement mécanique.

Votre mental subconscient reçoit des informations du mental conscient, c'est-à-dire de votre intellect, et accepte toutes les informations qui lui sont transmises. Le mental subconscient ne fait pas de distinction parmi toutes les informations qui lui parviennent. En vérité, il accepte tout ce que *l'intellect pense être vrai.*

En bref, notre mental recycle les pensées en fonction de nos croyances, ce qui nous enferme dans des pensées qui limitent notre vie, jusqu'au moment où nous nous éveillons pour découvrir que nos pensées et notre mental ne sont pas ce que nous sommes !

« Préférez-vous jouer au jeu des limitations, ou voulez-vous être libre ? Cette simple question est une clé pour abandonner l'obsession d'être un corps-esprit limité, et l'histoire que vous vous racontez à vous-même et aux autres selon laquelle vous êtes ce corps-esprit. Mais peut-être préférez-vous jouer au jeu des limitations ? »
Hale Dwoskin, Happiness Is Free, *volumes 1–5*

Le premier pas vers la liberté consiste à comprendre que nos pensées créent notre vie. Ce que vous pensez se manifeste. Vous *n'aurez pas* la vie que vous souhaitez avoir si vous prêtez attention aux pensées à propos de *ce que vous ne voulez pas.* Et vous *aurez* la vie que vous souhaitez si vous portez votre attention uniquement sur les pensées à propos de *ce que vous voulez* ! Dès l'instant où vous comprenez ce processus, vous êtes beaucoup plus attentif à vos pensées. Cette vigilance vous permet de progresser sur la voie de l'éveil, non seulement parce que la conscience de vos pensées vous empêche de croire vos pensées négatives, mais aussi parce que vous devenez plus conscient de manière générale.

Le livre ainsi que le film *Le Secret* vous expliquent que vous avez le pouvoir de créer la vie à laquelle vous aspirez dans tous les domaines : la santé, les relations, l'argent, le travail, le bonheur et même le monde, grâce à vos pensées. Si vous n'avez pas encore compris le pouvoir phénoménal de vos pensées, procurez-vous un exemplaire du livre ou du film, ou empruntez-les auprès d'un ami ou d'une bibliothèque. *Le Secret* a changé la vie de dizaines de millions de personnes, et vous verrez qu'en devenant plus conscient de vos pensées, vous aurez fait un grand pas sur la voie merveilleuse de l'éveil à ce que nous sommes réellement.

CHAPITRE 4 *Résumé*

- *Cette vie est un rêve. Le monde entier n'est qu'un rêve-illusion.*
- *Quand vous rêvez la nuit, votre mental crée tout un monde et rend les choses si réelles que vous ne les remettez pas en question, jusqu'au moment où vous vous réveillez.*
- *De même, l'état de veille n'est qu'un jeu extrêmement convaincant créé par la Conscience.*
- *Comme le mental est mécanique, si nous vivons à partir du mental, notre vie est mécanique.*
- *Quand nous laissons le mental être aux commandes de notre vie, nous ne percevons pas le monde tel qu'il est réellement.*
- *Quand vous êtes éveillé, vous êtes* dans *le monde, et non pas* du *monde.*
- *La « montagne de la Conscience » est une métaphore de la Conscience : plus vous prenez de la hauteur, plus vous élargissez votre champ de vision. Au sommet de la montagne, vous percevez la beauté et la perfection d'absolument tout ce qui est.*
- *Votre mental est constitué de pensées provenant de programmes formés par les croyances qui sont stockées dans votre mental subconscient.*
- *C'est dans le mental subconscient que sont entreposés nos croyances, nos souvenirs, les traits de notre personnalité, nos automatismes et nos habitudes, et ce mental subconscient ne fonctionne pas différemment d'un ordinateur.*
- *Le premier pas vers la liberté consiste à comprendre que nos pensées créent notre vie. Ce que vous pensez se manifeste.*

Chapitre 5

Se libérer du mental

« Il n'est pas nécessaire que le mental reste tranquille. La seule chose qui compte est de ne pas écouter ce qu'il nous dit en pensant que c'est la vérité. »
Jan Frazier, The Great Sweetening: Life After Thought

Votre mental est un outil fantastique qui vous permet de créer exactement la vie que vous souhaitez avoir. Or, bien qu'il ne soit ni notre psychanalyste ni notre thérapeute, nous lui reconnaissons le même genre d'autorité quand nous l'écoutons et croyons toutes les pensées qui naissent en lui comme si elles étaient vraies. Cette habitude de croire nos pensées nous empêche de vivre dans la splendeur et la merveille de ce que nous sommes réellement : la Conscience. Elle nous empêche de connaître un bonheur permanent et de vivre une vie de rêve, où tout ce dont nous avons besoin nous tombe dans les mains pile au bon moment.

Si l'humanité souffre depuis si longtemps, c'est à cause de notre mental. Il est temps de le remettre à sa juste place si nous ne voulons plus le laisser diriger notre vie. Quand nous cessons de vivre à partir du mental et à travers lui, nous commençons à vivre à partir de ce que nous sommes réellement, la Conscience ; notre vie devient le paradis sur terre et il n'y a plus aucune souffrance ni aucune négativité.

« À mesure que vous questionnerez et retournerez vos jugements, vous découvrirez que tout problème apparent qui survient à "l'extérieur" n'est

en réalité rien d'autre qu'une perception erronée de votre propre façon de penser. »
Byron Katie, Aimer ce qui est

« Le moyen le plus puissant pour vous défaire de la négativité est de reconnaître que vous n'êtes pas le mental. Dès lors, la négativité n'a plus rien à saisir et se dissout d'elle-même. »
Hale Dwoskin

La plupart des gens sont persuadés que les situations négatives auxquelles ils sont confrontés dans leur vie ont une origine externe ; ils croient que ce sont les autres, les circonstances ou les événements du monde qui en sont la cause. Or, comme l'a dit Shakespeare : « Rien n'est en soi bon ou mauvais, tout dépend de ce qu'on en pense. »

Ce sont vos pensées au sujet d'une personne, des circonstances ou d'un événement qui créent des situations négatives dans votre vie, et non la personne, les circonstances ou l'événement en soi. En comprenant mieux le fonctionnement de votre mental, vous vous libérerez de ses jugements négatifs erronés et vous pourrez l'utiliser pour ce qu'il est censé faire : créer la vie à laquelle vous aspirez.

« Le mental est fait pour recevoir les instructions que vous lui donnez de créer ce que vous voulez, et non pour que vous y soyez soumis. Le mental est là pour recevoir un ordre et l'exécuter. Il n'a pas d'autre utilité, car la Conscience s'occupe de tout le reste. »
Mon maître

« Si seulement, à partir de maintenant, vous pouviez regarder uniquement ce que vous souhaitez, vous verriez que c'est exactement ce que vous obtenez. Mais vous ne pensez qu'à ce que vous ne voulez pas. Vous luttez pour vous débarrasser des choses que vous ne voulez pas, ce qui a pour seul effet de les alimenter. C'est pourquoi vous devez laisser tomber tout

ce qui est négatif et ne regarder que ce qui est positif si vous voulez vivre une vie heureuse et positive. »
Lester Levenson et Hale Dwoskin, Happiness Is Free, *volumes 1–5*

Qu'est-ce que le mental ? Il faut commencer par comprendre que votre mental n'est pas votre cerveau. Cet organe ne pense pas. Les scientifiques n'ont jamais trouvé une seule pensée dans le cerveau ; la seule chose qu'ils aient pu détecter est l'activité électrique générée par les pensées. Les pensées proviennent du mental. Votre mental est fait uniquement de pensées. S'il n'y a pas de pensées, il n'y a pas de mental. C'est aussi simple que cela. Votre mental ne peut pas émettre deux pensées en même temps. Vous savez qu'il est impossible d'écouter vraiment une conversation et de lire en même temps un message sur votre téléphone. Votre mental ne peut pas être multitâche, quoi que vous puissiez en penser.

Par ailleurs, une simple pensée, qu'elle soit positive ou négative, devient une sorte de centrale électrique à partir du moment où vous y croyez.

« Si vous préférez souffrir, continuez à croire vos pensées stressantes. Mais si vous préférez être heureux, remettez-les en question. »
Byron Katie, Libre : un mental en paix avec lui-même

La plupart des gens croient leurs pensées comme si c'étaient des faits, et c'est la raison pour laquelle ils ont souvent le sentiment que leur vie est stressante et difficile. Personne ne nous a dit que nos pensées ne sont qu'une manifestation bruyante du mental, et qu'elles ne sont *pas* la réalité. Mais si nous choisissons de croire nos pensées, elles *deviendront* notre réalité !

Le mental ne cesse de se manifester dans notre vie quotidienne. Il concrétisera toutes les pensées que nous croirons, qu'elles soient positives ou négatives, c'est-à-dire qu'elles aient trait à ce que nous voulons ou à ce que nous ne voulons pas. Les pensées positives n'ont pas d'effets indésirables dans notre vie, parce qu'elles sont proches de notre véritable nature. Seules

les pensées négatives sont à l'origine du stress et de la souffrance que nous pouvons ressentir. D'où l'importance d'en être particulièrement conscient.

Comme votre mental fonctionne de manière mécanique, des pensées négatives peuvent se transformer au fil du temps en schémas de pensée. Et si vous écoutez ces pensées négatives en vous identifiant à elles, vous finirez par vous y perdre et vous y noyer comme si vous étiez entré dans une transe hypnotique. Les pensées vous ramèneront toujours dans votre mental et vous éloigneront toujours de ce qui se passe réellement dans le monde.

« Vous croyez être votre mental. C'est cela, l'illusion. L'outil a pris possession de vous. »
Eckhart Tolle, Le Pouvoir du moment présent

C'est un peu comme si nous étions en train de jouer à un jeu de réalité virtuelle en oubliant que nous avons un casque. Du fait des difficultés que nous rencontrons dans le monde de la réalité virtuelle, nous sommes stressés et nous souffrons, mais si nous retirions le casque, nous réaliserions que le monde de la réalité virtuelle n'est pas réel. Il en est de même pour nos pensées. Quand nous croyons nos pensées, nous nous retrouvons instantanément dans un film imaginaire créé par le mental et projeté dans notre tête, ce qui nous empêche de faire l'expérience du monde tel qu'il est réellement.

« Toutes les pensées mentent. La seule vérité est ce qui est conscient de nos pensées. »
Mon maître

« La conscience est ce qui observe, la pensée est ce qui juge. »
Rupert Spira, The Ashes of Love

Les pensées sont aussi à l'origine de nos émotions, lesquelles génèrent à leur tour de nouvelles pensées. Une pensée triste fait naître en nous un sentiment de tristesse, et ce sentiment de tristesse engendre d'autres pensées tristes. Nous finissons par percevoir la vie à travers un voile de tristesse ; tout nous semble triste et nous ne voyons pas ce qui se passe *vraiment* dans le monde.

« Le mental est la conscience avec des limitations. Vous êtes foncièrement illimité et parfait. Puis vous acceptez des limitations et vous finissez par devenir le mental. »
Ramana Maharshi

Si vous n'avez pas programmé votre mental pour qu'il génère des pensées positives, il émettra continuellement des pensées négatives qui auront pour seul effet de vous limiter. Par exemple, « Je n'aurais pas dû faire ça », « Mais à quoi est-ce que je pensais ? », « C'était vraiment nul », « Je n'ai pas le temps », « Je ne peux pas ».

« Le mental est ce qui dit : "Non !", "Trop tard !", "Trop tôt !", "Trop vite !", "Trop lentement !" Le mental ne s'arrête jamais. »
Mon maître

« Le problème n'est pas le mental. Le problème est la tendance du mental à fonctionner automatiquement, comme une machine qu'on ne sait pas comment arrêter. La plupart du temps, nous ne réalisons même pas que le mental est sur "Marche". Son contenu qui tourne en boucle est semblable à une musique d'ascenseur qu'on remarque à peine, comme un bruit de fond qui ne s'arrête jamais. Comme le mental nous accompagne partout où nous allons, la tentation de l'utiliser en permanence prend le dessus. Il fonctionne, tout simplement. Comme un marteau qui se mettrait à agir tout seul, le mental hyperactif frappe sur tout ce qu'il a sous les yeux, ne manquant aucune occasion de juger, d'interpréter, de s'identifier, de s'emballer et de se raconter une histoire. »
Jan Frazier, The Freedom of Being

Un mental qui est en mode « pilotage automatique » vous dira toujours qu'il manque quelque chose dans votre vie et dans le monde – que ce soit de l'argent, une bonne santé, de l'amour, du temps ou des ressources –, et qu'il n'y en a jamais assez. Et si vous croyez ce qu'il vous raconte, alors c'est ce que vous vivrez.

Heureusement, le mental est aussi un outil magnifique. Vos pensées positives à propos de ce que vous voulez ont non seulement le pouvoir de transformer votre vie, mais aussi de vous apporter beaucoup de bonheur et de joie. Si vous ne pensiez qu'à ce que vous désiriez, votre vie serait formidable. La plupart des gens sont toutefois prisonniers d'un schéma addictif qui consiste à croire leurs pensées négatives. Il est pourtant essentiel de vous libérer des pensées négatives qui tournent en boucle dans votre tête. Sachez que cela peut être très facile à faire, parce que votre Conscience est là pour vous aider.

Ne croyez pas le fauteur de troubles

Il n'y a aucun problème avec le mental, le seul problème est de croire les pensées négatives qui naissent en lui. Quand vous vous inquiétez, c'est parce que vous croyez vos pensées d'inquiétude. Quand vous êtes accablé par le doute, vous croyez vos pensées de doute. Quand vous vous sentez anxieux, en colère, découragé, déçu, contrarié, impatient ou déprimé, quand vous avez peur ou que vous êtes animé par un esprit de vengeance ou par la haine, ou en proie à toute émotion négative, c'est parce que vous croyez vos pensées ! Et tant que vous serez assailli par ces émotions parce que vous continuez à croire vos pensées, votre mental produira encore plus de pensées. Un sentiment de déprime créera encore plus d'idées noires, de sorte que vous aurez une vision déprimante des gens, des circonstances et des événements, ce qui, à son tour, vous rendra encore plus déprimé.

« La pensée est difforme, contrefaite, car elle peut inventer n'importe quoi et voir des choses qui ne sont pas vraies. »
Jiddu Krishnamurti, Se libérer du connu

Quand nous croyons les pensées négatives qui apparaissent dans le mental, nous nous retrouvons projetés dans le film qu'il crée, ce qui est la garantie absolue que nous serons encore plus stressés et que nous allons encore plus souffrir.

« Les tourments que nous nous infligeons nous-mêmes surviennent quand nous croyons nos pensées négatives ! »
Mon maître

« Vous êtes responsable de tout ce que vous ressentez. Ce sont vos ressentis, ce sont vos pensées. Vous les retournez dans tous les sens – c'est bien vous et vous seul qui faites cela –, et pourtant vous agissez comme si vous n'aviez aucun contrôle sur eux. Vous tournez le robinet, l'eau se met à couler sur votre tête et vous dites : "Oh, quelqu'un est en train de me mouiller." C'est pourtant vous qui tournez le robinet et qui vous mouillez. Vous devriez commencer à assumer l'entière responsabilité de ce qui vous arrive. Puis,

quand vous vous poserez la question "C'est moi qui fais ça ?", vous verrez que c'est effectivement le cas ! Et quand vous verrez que vous vous torturez, vous vous direz : "Oh mon Dieu, mais comment puis-je être aussi stupide ?" Et vous arrêterez. Au lieu de vous torturer, vous ferez en sorte d'être heureux. »
Lester Levenson et Hale Dwoskin, Happiness Is Free, *volumes 1–5*

Assumer la responsabilité de tout ce qui se passe dans notre vie, c'est aussi ne pas faire porter la responsabilité de ce qui nous arrive à quelqu'un ou à quelque chose. Cela signifie aussi ne pas nous faire de reproches. Trouver un coupable n'est qu'un autre programme automatique du mental. Ce que vous êtes réellement ne cherche pas à savoir qui est fautif ; seul le mental cherche quelqu'un à blâmer. Si vous voulez vous libérer de la tendance du mental à faire des reproches et à critiquer, vous devez comprendre que votre *mental* est la seule cause des jugements négatifs et cesser de croire les pensées négatives qui naissent en lui.

« Tant que vous croyez que la cause du problème est extérieure à vous-même, que quelque chose ou quelqu'un d'autre est responsable de votre souffrance, la situation est insoluble. Vous êtes à jamais enfermé dans le rôle de la victime et vous continuez à souffrir tout en vivant au paradis. »
Byron Katie, Aimer ce qui est

Quand nous assumons la responsabilité de ce qui se passe dans notre vie, nous ne laissons plus l'ego et le mental jouer pour nous le rôle de la victime.

« Aucune pensée ne pourra jamais dominer ce qui perçoit la pensée. Observez ce que vous ressentez lorsque vous en prenez conscience. Observez le sentiment de liberté que cela vous procure. Cela met fin à l'identification inconsciente avec les pensées. Cela brise la chaîne. »
Peter Dziuban, Simply Notice

De même que la Conscience est consciente de vos pensées, elle est aussi consciente de ce que vous ressentez. Ce qui s'énerve n'est pas la Conscience

– ce que vous êtes réellement ; ce qui s'énerve est votre mental. Ce qui se met en colère, se sent blessé, inquiet, anxieux ou déçu, ce n'est pas *vous*, mais votre mental. Cela semble être vous, parce que vous pensez être votre mental et croyez les pensées qui s'élèvent en lui.

« Comme un texte qui défile au bas de votre écran de télévision, laissez simplement les pensées passer. Si l'attention n'est pas focalisée sur le texte, vous pouvez être totalement présent et voir l'image dans sa globalité. »
Kalyani Lawry

Les trois pensées produites par le mental

Bien que notre mental émane de la Conscience, comme tout ce qui est, il n'est pas une entité ou une chose réelle, même s'il en a tout l'air. En réalité, le mental n'est qu'une activité ou un processus mécanique, un peu comme un logiciel. Et comme tout logiciel, il est répétitif, et même si répétitif qu'il n'a que trois types de pensées.

« Le mental mesure, compare et décrit. C'est la seule chose qu'il fasse sans arrêt. Vérifiez par vous-même en observant une parole que vous prononcez ou une pensée qui apparaît. Cette pensée sera soit le mental mesurant quelque chose, soit le mental comparant quelque chose, soit le mental décrivant quelque chose. »
Mon maître

Votre mental mesure en ayant des pensées du genre « Il me faut deux heures pour y aller », « Je pars en vacances dans une semaine », « Combien de temps faut-il pour que mon colis arrive ? », « J'ai perdu cinq kilos », « Je n'ai pas assez d'argent ».

Votre mental compare en ayant des pensées comme « Je préférerais avoir un SUV plutôt qu'une berline », « Je préférerais marcher pour aller au travail plutôt que de prendre le bus », « Elle est plus intelligente que moi et beaucoup plus talentueuse », « On va lui accorder une promotion avant moi. J'en suis sûr », « Regarde-la. J'aimerais avoir le même corps qu'elle », « Il n'est plus la personne qu'il était ».

Votre mental passe aussi son temps à décrire les choses comme si vous ne les voyiez pas. Mais vous ne verrez pas ce qui se passe dans votre vie si votre mental ne cesse de tout commenter. Au fond, ce bavardage incessant vous empêche de voir le monde tel qu'il est réellement.

« Notre attention est accaparée par nos pensées. Nous sommes pris au piège de nos interprétations et passons à côté de la vie dans sa totalité. »
Kalyani Lawry

« Le mental s'empare de tout ce qui se présente. C'est son mode de fonctionnement habituel. Au point qu'il nous vient rarement à l'esprit qu'il pourrait en être autrement, à savoir que le mental pourrait ne pas s'emparer systématiquement de tout ce qui se présente. Il ne nous vient pas non plus à l'esprit que cette saisie du mental est la véritable cause de notre souffrance. Nous continuons à croire que la cause de notre souffrance est ce qui se passe dans la vie. »
Jan Frazier, Opening the Door

Quand votre mental décrit quelque chose, il raconte une histoire. Il donne son interprétation du monde et de la réalité, il se l'imagine. Les histoires fabriquées par le mental sont souvent centrées sur *vous* et si vous les croyez, cela va non seulement engendrer du stress et de la souffrance, mais aussi grandement limiter votre vie. Quand vous croyez une histoire négative, votre existence prend la forme de cette histoire ! Votre mental élabore une histoire négative à votre sujet, vous ajoutez le pouvoir de croire à cette histoire et votre mental la projette ensuite dans le monde pour que vous en fassiez l'expérience. C'est ce qu'il fait avec des pensées comme :

« Je suis débordé. Je n'arrive pas à m'en sortir. »

« L'argent, ce n'est pas mon truc. Il me file entre les doigts. »

« Cette maladie touche notre famille. »

« J'ai un gros problème. »

« Je n'arrive pas à surmonter ce traumatisme. J'en subirai les effets toute ma vie. »

« Nous sommes restés ensemble pendant si longtemps. Il était l'amour de ma vie, je ne m'en remettrai jamais. »

Le plus gros mensonge dont notre mental nous a convaincus est l'histoire selon laquelle nous sommes un corps et un mental. Et comme nous croyons cette histoire, cela devient notre expérience au quotidien. Nous nous sentons vulnérables et sans défense ; nous avons peur de ce qui pourrait arriver, à nous ou aux autres ; nous nous sentons impuissants face aux événements de l'existence et, comme si cela ne suffisait pas, nous croyons que la vie prend fin quand le corps meurt. L'ironie de tout cela, c'est que votre nature véritable – la Conscience infinie – est à l'opposé de l'histoire que le mental vous raconte.

« Voilà comment cela fonctionne : lorsqu'un être humain se réveille le matin, il y a d'abord un moment de silence, puis le mental se réactive, enclenche la première vitesse et démarre au quart de tour en disant : "Qu'est-ce que je dois faire aujourd'hui ? J'ai quel âge ? Quels sont mes problèmes ? Comment je vais ?" Vous vous identifiez complètement à l'histoire, et vous endossez aussitôt le costume du personnage pour reprendre votre rôle. »
David Bingham sur la chaîne Conscious TV

Une autre histoire dont notre mental nous a convaincus concerne le temps. Le temps est un outil pratique qui nous permet de fonctionner avec le même calendrier et d'accorder nos horloges afin de pouvoir nous coordonner les uns avec les autres et avec tout ce qui se passe dans le monde. Mais comme Einstein l'a découvert, le temps est relatif ; en définitive, le temps n'existe pas. Le temps est une illusion, une notion créée par le mental.

« Si vous voulez attraper le temps, il vous file entre les doigts. Les gens sont certains que le temps existe, mais qu'ils ne peuvent pas le saisir. Or s'ils ne parviennent pas à l'attraper, c'est tout simplement parce qu'à mon sens il n'existe pas. »
Julian Barbour, physicien, cité dans About Time *d'Adam Frank*

La seule chose qui existe est le moment présent. Vous aurez beau essayer, vous ne trouverez aucun événement ni aucune situation qui se passe à un moment autre que l'instant présent.

Essayez d'imaginer un monde sans temps. Vous ne pouvez pas, car votre mental ne peut l'appréhender. Votre mental se tourne constamment soit vers le passé, soit vers le futur ; il n'est pas conscient du moment présent. Mais si vous vous arrêtez pour être pleinement présent, en cet instant même, vous constaterez qu'il n'y a pas de pensées. C'est l'une des raisons pour lesquelles le mental nous empêche de réaliser ce que nous sommes réellement, parce que la Conscience ne peut être reconnue que dans le moment présent !

Si vous pensez que ce n'est pas votre mental qui crée le temps, essayez de trouver le temps en dehors de votre mental.

« Essayez de trouver une quelconque preuve du passé en dehors de vos pensées. Essayez de trouver un quelconque passé en dehors de la pensée que vous en avez. C'est impossible. »
Peter Dziuban, Consciousness Is All, *livre audio*

Maintenant, essayez de trouver le futur en dehors de vos pensées. Essayez vraiment.

Il est impossible de trouver une quelconque preuve du passé ou du futur en dehors de nos pensées. Personne ne s'est jamais déplacé dans le passé ou dans le futur. Tout ce qui a eu lieu dans le passé se passe dans le moment présent. Tout ce qui se produira dans le futur se passe dans le moment présent. Vérifiez par vous-même. Vous vous souvenez de la première fois que vous avez fait du vélo, quand vous étiez enfant ? À ce moment-là, quand vous faisiez du vélo, le faisiez-vous dans le passé ? Ou le faisiez-vous dans le moment présent ? Quand vous vous êtes réveillé ce matin, vous êtes-vous réveillé dans le passé, ou vous êtes-vous réveillé dans le moment présent ?

« On ne peut pas expérimenter le passé ou le futur. On ne peut les appréhender que mentalement. Le passé et le futur n'existent que sous forme de pensées. »
Jan Frazier, The Great Sweetening: Life After Thought

« La seule preuve dont nous disposons du passé de la Terre, ce sont des matières rocheuses et des fossiles. Ce ne sont pourtant que de structures stables sous forme d'agrégats de minerais que nous examinons dans le présent. Le fait est que nous ne disposons que de ces traces, et que c'est Maintenant que nous en disposons. »
Julian Barbour, physicien, cité dans About Time *d'Adam Frank*

La première fois que j'ai entendu dire que le temps n'existait pas, mon cerveau était en ébullition ! Toutes sortes d'idées me sont venues à l'esprit pour me prouver le contraire ! Mais alors, me suis-je demandé, qu'en est-il des bâtiments anciens ? Ne sont-ils pas la preuve que le passé existe ? Après un examen plus approfondi, j'ai réalisé qu'au moment où ces bâtiments ont été construits, ils l'ont été dans le moment présent. Et si je regarde un bâtiment ancien devant moi, je le regarde aussi dans le moment présent, de même que tous ceux qui l'ont regardé avant moi l'ont aussi regardé dans le moment présent. En définitive, après avoir scruté chaque pensée cherchant à confirmer l'idée que le temps est réel, je me suis rendu compte qu'elles étaient toutes erronées, parce qu'il n'existe rien d'autre que le moment présent.

« Que cela vous plaise ou non, vous êtes dans l'instant présent. Il n'y a qu'un seul moment et ce moment est infini. Vous ne pouvez être nulle part ailleurs que dans l'instant présent. »
Mon maître

« L'instant présent n'est pas un moment dans le temps situé entre deux grands espaces, le passé et le futur. L'instant présent, le seul instant qui soit, est l'éternel Maintenant qui ne vient de nulle part et ne va nulle part. »
Rupert Spira, The Ashes of Love

Si vous parvenez à vous ouvrir à la possibilité que le temps est une illusion, cela vous aidera à vous libérer.

« Le futur n'arrive jamais. Réfléchissez-y : le futur n'arrive jamais. Il n'y a jamais que l'instant présent. Quand on vit dans le moment présent, on a la sensation de ne pas passer à côté de la vie. De ne pas avoir quelque part où aller, quelque chose à faire. Le présent, c'est là que ça se passe, et cela ne se passe nulle part ailleurs. Il est absolument certain que cela ne se passe pas dans le mental, avec toutes les questions au sujet de ce qui pourrait arriver et toutes les pensées ressassant ce qui s'est passé. »
Jan Frazier, Opening the Door

« Le passé est fait de souvenirs et le futur d'imagination. Ils n'ont aucune existence en dehors du domaine de la pensée. »
Rupert Spira, The Ashes of Love

Le mental passe son temps à se tourner vers le passé ou le futur – bien que ni l'un ni l'autre n'existent –, et c'est ce qui génère en nous autant de stress et d'inquiétude. Vous vous dites : « Je suis en retard pour la réunion. Mon chef et mes collègues seront furieux contre moi. J'étais déjà en retard la semaine dernière. On pourrait me licencier à cause de ça. » Au lieu de prendre ces pensées pour des faits et des certitudes, souvenez-vous que ce ne sont *que* des pensées sans réelle solidité. Ce sont des histoires fabriquées. Mais si vous croyez votre mental, elles se *réaliseront*.

La faculté du mental à se raconter des histoires fait partie intégrante de sa programmation. Il n'en reste pas moins qu'il réussit à convaincre la majorité d'entre nous que ses histoires sont vraies – l'histoire selon laquelle le temps est réel, l'histoire selon laquelle nous sommes un corps et un esprit ou l'histoire selon laquelle nous sommes une personne séparée qui naît et meurt. Toutes ces histoires auxquelles nous adhérons jouent un rôle dans la réalité que nous vivons, mais ils n'existent que dans le mental : ce ne sont que des idées créées par le mental.

« Ce n'est pas vous que les gens aiment bien ou non ; ce sont leurs *histoires* à votre sujet. »
Byron Katie, Libre : un mental en paix avec lui-même

Ne croyez pas une histoire que votre mental vous raconte si ce n'est pas quelque chose que vous avez envie de vivre, car si vous le faites, vous devrez en faire l'expérience. Observez la mécanique de votre mental et n'acceptez aucune histoire ou pensée à votre sujet qui ne soit pas la perfection et la bonté, car la perfection et la pure bonté sont exactement ce que vous êtes *réellement* !

La Conscience est la solution

« Qu'est-ce qu'une pensée ? Un mouvement d'énergie. Qu'est-ce qu'une émotion ? Un mouvement d'énergie. »
Peter Lawry, lors de la conférence « Consciousness Unlimited »

Ce que vous êtes – Conscience infinie – ne peut être affecté par des pensées. Observez vos pensées et voyez-les pour ce qu'elles sont : juste des pensées, juste de l'énergie en mouvement.

« Une pensée est semblable à un oiseau en plein vol. Laissez l'oiseau s'en aller sans l'analyser. "Où vas-tu ?", "Quelle espèce d'oiseau es-tu ?", "Où est ta famille ?", "Quel âge as-tu ?" Laissez juste l'oiseau voler. »
Mon maître

Vous n'avez pas besoin de vous débarrasser de votre mental ou de lui déclarer la guerre. Cela ne ferait que renforcer son pouvoir. C'est la Conscience qui vous sortira de l'agitation du mental. Si vous ne voulez plus croire vos pensées, soyez simplement conscient d'elles. Vous ne pouvez pas être conscient de vos pensées et les croire en même temps, parce que la Conscience de vos pensées vous empêche de vous identifier à elles comme si elles étaient vraies. Quand vous observez vos pensées au lieu de vous perdre en elles, vous les voyez pour ce qu'elles sont : quelque chose que vous pouvez décider de croire ou non.

« Ce que vous êtes n'a pas besoin d'entendre des pensées. Vous n'avez pas besoin d'une pensée pour voir. De même, vous n'avez pas besoin d'une pensée pour ressentir votre corps et votre environnement. Ce que vous êtes est sans pensées. La Conscience entend, voit et ressent tout avant même qu'une pensée ne s'élève. »
Mon maître

Souvenez-vous que vos pensées ne sont pas conscientes d'être des pensées. Vous êtes la Conscience qui est consciente de vos pensées.

« Quand vous êtes déterminé à regarder vraiment à quel point vous prenez les choses trop sérieusement, votre mental commence à s'apaiser sous l'effet d'un courant d'air chaud qui se répand en vous. Ce "vous" que vous pensez être – vos opinions, vos désirs, vos peurs, tout ce dans quoi vous vous êtes investi – commence à se fissurer. La vie, c'est sentir que tout est incroyablement facile. Ce qui arrive arrive. Vous êtes d'accord avec tout ce qui advient, profondément et totalement. Vous n'avez aucun avis sur la question. Vos jugements retournent tranquillement dans votre tête. Vous réalisez alors tout le chemin difficile que vous avez parcouru et votre vie devient pleine de sens. La vie ne fait que commencer pour vous. »
Jan Frazier, Opening the Door

CHAPITRE 5 *Résumé*

- *L'habitude de croire nos pensées nous empêche de vivre dans la splendeur et la merveille de ce que nous sommes réellement.*

- *Ce sont vos pensées au sujet d'une personne, des circonstances ou d'un événement qui créent des situations négatives dans votre vie, et non la personne, les circonstances ou l'événement en soi.*

- *Le mental est là pour recevoir les instructions que vous lui donnez. Il n'a pas d'autre utilité, car la Conscience s'occupe de tout le reste.*

- *Votre mental n'est pas votre cerveau. Votre cerveau ne pense pas. Les pensées proviennent du mental.*

- *Votre mental est fait uniquement de pensées. S'il n'y a pas de pensées, il n'y a pas de mental.*

- *La plupart des gens croient leurs pensées comme si c'étaient des faits, et c'est la raison pour laquelle ils ont souvent le sentiment que leur vie est stressante et difficile.*

- *Les pensées négatives sont à l'origine du stress et de la souffrance que nous pouvons ressentir. D'où l'importance d'en être particulièrement conscient.*

- *Quand nous croyons nos pensées, nous nous retrouvons instantanément dans un film imaginaire créé par le mental et projeté dans notre tête, ce qui nous empêche de faire l'expérience du monde tel qu'il est réellement.*

- *Les pensées sont aussi à l'origine de nos émotions, lesquelles génèrent à leur tour de nouvelles pensées.*

- *Il n'y a aucun problème avec le mental, le seul problème est de croire les pensées négatives qui naissent en lui.*

- *Celui qui se met en colère, se sent blessé, inquiet, anxieux ou déçu, ce n'est pas vous, c'est votre mental.*

- *Le mental n'a que trois types de pensées : il mesure, compare et décrit.*

- *Le plus gros mensonge dont notre mental nous a convaincus est l'histoire selon laquelle nous sommes un corps et un mental.*

- *Une autre histoire dont notre mental nous a convaincus concerne le temps. Le temps est une illusion, une notion créée par le mental.*

- *La seule chose qui existe est le moment présent. Le passé et le futur n'existent que sous forme de pensées.*

- *Vous n'avez pas besoin de vous débarrasser de votre mental ou de lui déclarer la guerre. C'est la Conscience qui vous sortira de l'agitation du mental.*

- *Quand vous observez vos pensées au lieu de vous perdre en elles, vous les voyez pour ce qu'elles sont : quelque chose que vous pouvez décider de croire ou non.*

CHAPITRE 6

COMPRENDRE LE POUVOIR DES ÉMOTIONS

Nous pouvons tous vivre notre vie sans être en proie à des émotions négatives. Dès l'instant où vous vivez à partir de la Conscience que vous êtes, les émotions négatives ne vous affectent plus de la même manière qu'auparavant. Ce que vous êtes réellement est pur bonheur à chaque instant, peu importent les conditions. Cela vous semble peut-être difficile à imaginer, mais vous avez bel et bien le pouvoir de mettre un terme aux émotions négatives qui vous affectent. Vous découvrirez par vous-même que c'est à votre portée.

« Les émotions négatives sont destructrices. Ce que nous sommes est constructif. »
Mon maître

Depuis que j'ai mis en pratique les méthodes décrites dans ce livre, je n'ai plus jamais souffert d'émotions négatives intenses. Si une émotion négative apparaît, elle est bénigne, j'en prends conscience aussitôt et elle se dissout d'elle-même, sur-le-champ. Dans ma vie d'avant, il m'arrivait souvent d'être sous l'emprise d'émotions négatives, comme si j'avais été emportée par un ouragan. Mais à partir du moment où j'ai découvert Le Secret, je suis devenue extrêmement attentive à ce que je ressens instant après instant. En étant conscient de ce que vous ressentez, vous verrez qu'il n'y a qu'un pas à faire pour vous libérer définitivement des émotions négatives. Quand vous vous libérez d'elles, il ne reste que la Conscience infinie que vous êtes, et votre vie devient absolument merveilleuse.

« Quand on se rend compte à quel point la plus belle vie qui soit est facile, cela nous demande alors beaucoup d'effort d'affirmer le contraire. »
Lester Levenson

Le fait de comprendre ce que sont réellement les émotions permet de réduire le pouvoir qu'elles peuvent avoir sur vous.

Les émotions, de même que les pensées et les sensations, ne sont que de l'énergie en mouvement. L'énergie émet une vibration, ce qui signifie que les émotions, de même que les pensées, vibrent à diverses fréquences. Les émotions positives vibrent à des fréquences plus élevées et elles sont très bénéfiques pour votre corps, tout en ayant des effets positifs sur votre vie. Elles sont également bénéfiques pour tous les êtres et toute la planète. Les émotions négatives vibrent quant à elles à des fréquences moins élevées et elles ont des effets délétères sur votre corps et sur votre vie ainsi que sur les autres et la planète. Mais d'où viennent les émotions ?

Les pensées créent les émotions. Le type de pensées qui vous habitent crée des émotions analogues. Après avoir eu des pensées heureuses, vous vous sentez heureux. Et quand vous l'êtes, vous ne pouvez pas avoir de pensées de colère en même temps. Des pensées heureuses engendrent un sentiment de joie, ce qui génère encore plus de pensées heureuses. De même, si vous vous sentez en colère, c'est parce que vous avez eu des pensées de cet ordre. Les pensées et les émotions vont toujours ensemble, comme les deux faces d'une même pièce.

Si, lorsqu'une situation se présente, vous vous laissez envahir par des pensées et des émotions négatives, il y a de fortes chances pour que la suite de votre journée continue à se passer de travers. À l'inverse, quand vous allez bien, tout se passe au mieux toute la journée. Ce que vous ressentez en votre for intérieur correspond exactement à ce que vous vivez dans le monde extérieur.

« Vous savez maintenant que rien ne se manifeste de l'extérieur, et que tout est généré par les pensées et les émotions qui nous habitent. »
Le Secret

Les émotions positives

Avez-vous remarqué que toutes les émotions positives ne demandent aucun effort ? Quand vous vous sentez bien, vous vous avez la sensation d'être aussi léger qu'une plume, d'avoir une énergie illimitée. Soyez attentif à ce que vous ressentez et vous constaterez les effets de ces émotions positives sur votre corps et sur votre mental.

Se sentir bien ne veut pas dire être dans l'état d'une pom-pom girl pendant un match de football, surexcitée et sautant dans tous les sens. En effet, comme vous l'aurez certainement remarqué, quand vous êtes dans cet état, vous vous videz de toute votre énergie pour vous retrouver en fin de compte complètement épuisé.

Se sentir bien, c'est ce que vous ressentez à la fin d'une grosse journée qui s'est très bien passée, quand vous êtes en vacances et que vous pouvez décompresser, quand vous avez fait beaucoup de sport ou quand vous avez pris une douche et que vous passez à table pour savourer votre dîner ou regarder votre émission préférée à la télévision. Vous vous sentez détendu, tranquille. Vous laissez les choses se faire et vous vous sentez parfaitement serein. Vous vivez ces moments lorsque vous vous dites : « N'est-ce pas merveilleux ? » Voilà ce que signifie se sentir bien. Si vous ne cherchez plus à contrôler en permanence la façon dont les choses se passent, vous ne pourrez que vous sentir bien, car telle est votre véritable nature. En somme, chaque fois que vous vous sentez bien, cela signifie que vous avez laissé tomber des émotions négatives, ce qui a permis aux émotions positives d'apparaître naturellement.

« Les émotions positives sont là pour qu'on les savoure. Elles sont l'expression de la joie et nous ramènent à la joie, notre véritable nature. Appréciez-les tout simplement, soyez un avec elles. »
Francis Lucille, The Perfume of Silence

Les émotions positives apparaissent quand vous dites « oui » à ce qui arrive. Les émotions positives proviennent de pensées telles que : « Oui, c'est ce que je veux ! » « Oui, ce serait bien ! » « Oui, c'est bien ! » « Oui, c'est génial ! » ou « Oui, ça a l'air super ! »

Les émotions positives ne créent jamais de problème. Souvenez-vous que le bonheur et les émotions positives émanent de la Conscience. Imprégnez-vous d'émotions positives, immergez-vous dedans et tombez amoureux d'elles.

Les émotions négatives

Des émotions négatives apparaissent quand vous pensez ou dites « Non ! » à ce qui advient. Elles se manifestent quand vous avez des pensées du genre « Non, je n'en veux pas ! », que ce soit une parole blessante ou quelque chose qu'on vous a fait et qui ne vous a pas plu, un désaccord ou tout événement qui ne s'est pas passé comme vous le souhaitiez. Les exemples ne manquent pas : une dispute, arriver en retard, un problème de santé, une rupture amoureuse, une dette qui s'accroît, la perte de votre téléphone, des bouchons sur la route, un colis qui n'est pas arrivé à temps, des produits qui vous manquent, le fait qu'il fasse trop chaud ou trop froid, des problèmes administratifs, un vol retardé ou annulé, le parking qui affiche « complet », ou encore une longue queue au supermarché, à la banque ou à l'aéroport.

Quand on dit « Non, je n'en veux pas ! », cela crée instantanément une résistance en nous, et c'est cette résistance qui génère les émotions négatives.

Et comme si s'opposer à une situation ne suffisait pas, nous combattons aussi les émotions négatives que cette situation provoque en nous. Nous nous sentons encore plus mal, non pas à cause de ce qui se passe dans le monde extérieur, mais à cause de nos propres réactions. Quand nous résistons à la fois à ce qui arrive et à nos émotions négatives, cela nous maintient non seulement dans la situation à laquelle nous voulons échapper, mais cela nous vide aussi de toute notre énergie et influe même sur notre système immunitaire !

« Se sentir triste au sujet de quelque chose est une façon de s'y accrocher. Dites plutôt : "C'est quelque chose que je dois lâcher" et vous verrez qu'aussitôt vous vous sentirez mieux. »
Lester Levenson et Hale Dwoskin, Happiness Is Free, *volumes 1–5*

Les émotions positives ne demandent aucun effort, parce qu'elles sont la véritable nature de la Conscience. Nous sommes faits d'émotions positives, de joie, de bonheur et d'amour. Les émotions négatives ont besoin de beaucoup d'énergie pour être maintenues, ce qui explique pourquoi nous sommes épuisés après une journée à les éprouver. Par exemple, quand on se sent très énervé au point de perdre son sang-froid, on se retrouve éreinté après, parce que cela nous a demandé énormément d'effort et d'énergie pour ressentir et maintenir cette émotion négative. Cela nous coûte, car ce n'est pas ce que nous sommes. En définitive, être sous l'emprise d'émotions négatives revient à lutter contre ce que nous sommes.

« Maintenir le "moi" demande beaucoup d'énergie. »
Peter Lawry

« Être une personne demande beaucoup d'énergie. Être vous-même ne demande aucune énergie. »
Mooji

« Lorsque vous vous détachez suffisamment de l'ego, vous ressentez naturellement la paix et la joie de votre Soi. »
Lester Levenson et Hale Dwoskin, Happiness Is Free, *volumes 1–5*

Les émotions positives apparaissent naturellement en l'absence d'émotions négatives. Vous n'avez aucun effort à faire pour éprouver des émotions positives. La seule chose à faire est de laisser passer celles qui sont négatives, et vous verrez que vous vous sentirez naturellement très bien.

« L'amour est sans effort, alors que la haine en demande beaucoup. »
Lester Levenson et Hale Dwoskin, Happiness Is Free, *volumes 1–5*

Les émotions enfouies

« Toute la charge émotionnelle qui est en vous maintenant a commencé par une émotion que vous avez rejetée. »
Jan Frazier, The Freedom of Being

Depuis notre plus jeune âge, nous avons réprimé inconsciemment d'innombrables émotions négatives qui sont stockées dans notre mental subconscient. Et quand les émotions négatives y restent enfouies, cela a pour effet de nous vider de notre énergie et de limiter notre vie. Toute cette énergie bloquée, emprisonnée dans le corps, a des effets sur notre santé et sur les situations que nous sommes amenés à vivre.

Les émotions négatives sont celles que nous refoulons en les enfouissant au plus profond de nous-mêmes. Les émotions enfouies et les émotions négatives sont la même chose. La fureur que vous ressentez lorsque vous vous mettez en colère est celle que vous avez refoulée au tréfonds de vous-même.

De plus, toutes sortes de pensées négatives sont associées aux émotions négatives que nous avons refoulées, que ce soit les pensées qui nous ont rendus tristes ou toutes celles que nous avons eues depuis, en lien avec ces émotions négatives. Les pensées associées à une émotion négative refoulée nous enferment dans la cage du mental. Dès lors, celui-ci s'emploie à les recycler, ce qui a des effets négatifs dans notre vie et nous empêche de réaliser ce que nous sommes réellement.

Les bébés et les enfants de moins de trois ans ne refoulent pas leurs émotions, parce qu'ils vivent naturellement dans leur véritable nature qui est Conscience, de sorte qu'ils ne restent pas bloqués sur une émotion. C'est pourquoi les nouveau-nés et les tout-petits passent en l'espace de quelques secondes des larmes à des sourires, puis au rire. Ils ne résistent pas à ce qu'ils ressentent.

« Mais une fois adultes, nous sommes si doués pour refouler nos émotions négatives que, la plupart du temps, cela devient même une seconde nature. Nous sommes devenus aussi bons, voire meilleurs pour les refouler que nous ne l'étions pour les accueillir sans nous y accrocher. En définitive, nous avons tous refoulé tellement d'énergie émotionnelle en nous que c'est un peu comme si nous étions des bombes à retardement. Bien souvent, nous ne savons même pas que nous avons refoulé nos réactions émotionnelles, jusqu'au moment où c'est trop tard : notre corps montre des signes de maladie liés au stress, nos épaules sont remontées jusqu'aux oreilles, nous avons des nœuds dans l'estomac, à moins que nous n'ayons pas pu nous empêcher d'exploser de colère, de dire ou de faire certaines choses que nous regrettons maintenant. »
Hale Dwoskin, The Sedona Method

Quand vous vivez quelque chose qui provoque en vous des émotions négatives, si vous ne les libérez pas complètement, vous allez les réprimer et les intérioriser.

Même quand vous avez le sentiment d'avoir un poids en moins sur la poitrine ou que la situation qui vous avait contrarié est désormais réglée, tant que vous n'aurez pas abandonné cette émotion négative, elle demeurera en vous et sera refoulée dans le mental subconscient.

« L'expression d'émotions négatives permet seulement de relâcher suffisamment de tensions internes pour que d'autres émotions négatives puissent être refoulées. C'est un point très important à comprendre, car de nombreuses personnes croient se libérer en exprimant leurs émotions. C'est tout le contraire qui se passe. »
Dr. David R. Hawkins, Letting Go

Relâcher un peu la pression ou exprimer ses émotions négatives refoulées n'est donc pas la réponse. En réalité, cela ne fait que renforcer leur énergie.

Il nous arrive aussi de réprimer *délibérément* nos émotions négatives en les reléguant dans le subconscient. C'est ce que l'on fait quand on met de côté des émotions qui nous mettent mal à l'aise, comme la tristesse, ou quand on ressent de la colère.

« Refouler nos émotions revient à les mettre sous un couvercle, à les reléguer dans notre subconscient, à les nier, à les réprimer et à prétendre qu'elles n'existent pas. Toute émotion qui se présente et dont nous nous emparons est stockée automatiquement dans une partie de notre mental qu'on appelle le subconscient. La plupart du temps, nous refoulons nos émotions en les fuyant. »
Hale Dwoskin, The Sedona Method

Imaginez, par exemple, que vous vous sentiez très déçu après une discussion avec un membre de votre famille ou un ami. Vous êtes dépité parce que vous estimez qu'il vous a laissé tomber. Tant que ce sentiment demeure refoulé en vous, les tensions générées par l'énergie émotionnelle bloquée s'intensifient jusqu'à ce qu'une partie de ces tensions soit libérée.

Comme la déception refoulée a besoin de libérer le corps d'une partie de ses tensions, elle trouve des personnes, des situations ou des événements pour créer un nouveau sentiment de déception et libérer ainsi une partie de l'énergie accumulée. Cela vaut pour toutes les émotions négatives que vous avez refoulées dans votre vie, ce que l'on fait presque tous. Si vous avez éprouvé une émotion négative, vous l'avez refoulée.

Quand vous vous sentez perturbé, sachez que vous avez déjà refoulé ce sentiment en vous. Si tel n'était pas le cas, plus rien ne devrait avoir le pouvoir de vous perturber. Ainsi, chaque fois que vous vous sentez perturbé, c'est le sentiment premier que vous avez ressenti et refoulé qui resurgit. Il en est de même pour toutes les émotions négatives, que ce soit la colère, la frustration, l'irascibilité, la soif de vengeance, la haine, la dépression, le chagrin, le désespoir, la jalousie, la culpabilité, la honte, l'impatience, la désillusion, la déception, la contrariété ou le sentiment d'être submergé. Malheureusement, nous avons refoulé bon nombre d'émotions négatives dans notre enfance parce que nous n'avions pas la maturité nécessaire pour y faire face. Au fil du temps, nous avons pris l'habitude de rejeter nos émotions au lieu de les laisser être, et nous passons ainsi notre vie à réprimer ou refouler des émotions négatives.

Votre mental se charge de dissimuler la cause réelle d'une émotion négative en ayant recours à la projection pour vous convaincre que cette émotion a été causée par quelque chose d'extérieur.

« [Le mental] nous dit que ce sont les événements ou les autres qui sont la "cause" d'une émotion ; il se considère comme innocent et sans défense, victime de phénomènes extérieurs. "Ils m'ont mis en colère", "Il m'a rendu dingue", "Il m'a fait peur", "Si je suis angoissé, c'est à cause de tout ce qui se passe dans le monde". C'est pourtant tout le contraire. Les émotions négatives cherchent une voie de sortie et se servent des événements comme déclencheurs et excuses pour s'exprimer. Nous sommes semblables à des cocottes-minute prêtes à laisser la vapeur s'échapper dès que l'occasion se

présente. Nos déclencheurs sont en place, prêts à fonctionner. En psychiatrie, on appelle ça une projection. C'est parce que nous sommes en colère que les événements nous "mettent" en colère. »
Dr. David R. Hawkins, Letting Go

N'avez-vous pas l'impression d'être comme une cocotte-minute lorsqu'une émotion négative telle que la colère s'empare de vous en quelques instants ? Si vous connaissez quelqu'un qui se met souvent en colère, cela signifie que cette personne a refoulé beaucoup de colère, très probablement dans la prime enfance. Ces personnes sont également persuadées que ce sont les autres ou la situation qui ont provoqué leur colère, alors que la seule cause de la colère qu'elles ressentent maintenant est leur colère refoulée.

« Contrairement à ce que vous aimeriez croire, la véritable cause du "stress" est à l'intérieur de vous, et non à l'extérieur. La tendance à réagir en éprouvant un sentiment de peur, par exemple, dépend de la quantité de peur déjà présente en soi, et sera déclenchée par un stimulus. Plus il y a de peur en nous, plus notre perception du monde se transforme en une attente tenaillée par la peur. Pour ceux qui vivent avec ce sentiment, le monde est un lieu terrifiant. Pour ceux qui sont en colère, le monde est un chaos de frustration et de contrariétés. Pour ceux qui se sentent coupables, le monde n'est que tentations et péchés qu'ils voient partout. Nos émotions colorent notre monde. Quand nous abandonnons la culpabilité, nous voyons l'innocence, alors que ceux qui sont mus par la culpabilité ne voient que le mal. »
Dr. David R. Hawkins, Letting Go

C'est la raison pour laquelle je vous invite à vous souvenir, la prochaine fois qu'une émotion négative viendra s'emparer de vous, quelle que soit la façon dont elle apparaît, que si vous en faites l'expérience, c'est parce qu'elle est *déjà* en vous, et non parce qu'une personne ou des circonstances extérieures l'ont causée.

Vous pensez avoir tout compris, n'est-ce pas ? Après tout, notre expérience nous montre clairement que nos émotions négatives proviennent de l'*intérieur* de nous. Personne ne s'est jamais retrouvé dans la rue nez à nez avec une émotion négative tombée du ciel ! Vous ne trouverez jamais d'émotion négative en dehors de votre corps ou dans le corps de quelqu'un d'autre. C'est notre *réaction* face à une personne, une situation ou un incident qui est la cause de nos émotions négatives, et non la personne, la situation ou l'incident en soi.

Chéri, je rétrécis !

Les émotions négatives sont renforcées quand on s'identifie à elles. Comment pourrions-nous être une émotion négative ? S'identifier à une émotion, c'est un peu comme rétrécir notre Soi infini et laisser une toute petite émotion prendre le contrôle de notre vie.

« Les pensées et les émotions semblent puissantes parce qu'on les alimente. Quand on les laisse s'élever et s'évanouir d'elles-mêmes, elles finissent par disparaître. »
Kalyani Lawry

« On ne devrait pas dire "Je suis triste", mais plutôt "En ce moment, je suis traversé par un sentiment de tristesse". Si vous laissez simplement passer ce sentiment de tristesse, vous vous retrouvez automatiquement et sans même le savoir dans ce qui jamais ne cesse. »
Francis Lucille, The Perfume of Silence

Je vous pose la question : êtes-vous le sentiment de tristesse ou êtes-vous celui qui est conscient de la tristesse ?
Vous êtes celui qui est conscient de la tristesse.
Étiez-vous là avant que la tristesse apparaisse ?
Certainement.
Serez-vous toujours là quand la tristesse ne sera plus là ?
J'espère bien !
Allez-vous perdre une partie de vous-même quand la tristesse sera partie ?
J'espère bien que non !

« Oui », vous étiez là avant que la tristesse apparaisse et « oui », vous êtes toujours là quand elle n'est plus là, totalement inchangé, parce que vous n'êtes pas ce sentiment. La tristesse est quelque chose dont vous êtes *conscient*. Elle n'est en aucun cas ce que vous êtes. Ne laissez pas une émotion vous rétrécir pour atteindre la taille d'un petit pois, sachant que vous êtes l'Être infini qui soutient l'Univers !

« Cessez d'agir comme si vous étiez tout petit. Vous êtes l'univers en mouvement extatique. »
Rûmî

Mon maître m'a suggéré de remettre en cause *chaque* émotion négative en me posant la question suivante :

« Suis-je cela, ou suis-je celui qui est conscient de cela ? »

Cette question enlève quasiment tout son pouvoir à l'émotion, car elle vous empêche de vous identifier à elle.

« Observez les pensées et les sensations comme s'il s'agissait d'un train qui entre en gare puis repart. Soyez comme la gare, et non comme un passager. »
Rupert Spira, The Ashes of Love

Regardez les émotions apparaître puis disparaître, et observez que c'est vous – la Conscience – qui êtes conscient de leur apparition et de leur disparition.

« Les sentiments négatifs sont en vous, pas dans la réalité. […] Ne vous identifiez jamais à un sentiment. Celui-ci n'a rien à voir avec le "je". Ne définissez pas votre moi essentiel en fonction d'un sentiment. Ne dites pas : "Je suis déprimé". Dites : "Il est déprimé", ce sera plus juste. Si vous dites que la dépression est là, c'est bien ; si vous dites que la contrariété est là, c'est bien aussi. Mais ne dites pas : "Je suis contrarié", car vous vous définissez alors en fonction de ce sentiment. C'est là que vous vous

illusionnez, que vous vous trompez vous-même. Il y a une dépression qui existe, il y a des sentiments qui sont blessés, mais laissez-les tranquilles. Ils s'en iront d'eux-mêmes. Rien ne dure, rien. »
Anthony de Mello S.J., Quand la conscience s'éveille

« Dites au mental : "Tu peux être épuisé ou déprimé autant que tu voudras. Je continuerai à t'observer ou à t'ignorer, mais je ne me joindrai pas à toi". »
Mooji

C'est un travail intérieur

« Imaginez un malade qui va voir un médecin et lui explique de quoi il souffre. Le médecin lui dit : "Très bien, j'ai interprété vos symptômes. Savez-vous ce que nous allons faire ? Je vais prescrire un médicament à votre voisin". — "Merci beaucoup docteur, je me sens déjà beaucoup mieux", répond le malade. N'est-ce pas absurde ? C'est pourtant ce que nous faisons tous. La personne qui est endormie s'imagine qu'elle va se porter beaucoup mieux si quelqu'un d'autre change. Vous souffrez parce que vous êtes endormi, mais vous pensez : "Comme la vie serait meilleure si untel changeait ; comme la vie serait meilleure si mon voisin changeait, si ma femme changeait, si mon patron changeait !" »
Anthony de Mello S.J., Quand la conscience s'éveille

N'attendez pas des gens, des circonstances ou des événements qu'ils changent pour aller mieux, parce qu'ils ne le feront jamais. Vous ne serez jamais heureux tant que vous attendrez que le monde change en fonction de vos désirs ou de vos attentes. Transformer ce que vous ressentez à un moment donné sera toujours un travail intérieur.

« Nous gaspillons notre temps et notre énergie à essayer de changer les contingences, à essayer de transformer nos conjoints, nos supérieurs, nos

amis, nos ennemis et tout le reste. Nous n'avons pas à changer ce qui nous entoure. Les sentiments négatifs sont en nous. Il n'y a aucun être sur terre qui soit capable de vous rendre malheureux. [...] Mais voilà, personne ne vous a jamais dit ce que je vous dis aujourd'hui ; on vous a même dit le contraire. »
Anthony de Mello S.J., Quand la conscience s'éveille

Les émotions négatives sont des émotions que nous nous imposons. Nous sommes nous-mêmes la cause de notre stress et de nos contrariétés, quand bien même nous aimerions penser que c'est le monde autour de nous.

« Ce que font les autres n'a pas le pouvoir de vous apporter un sentiment de paix ou de vous en priver. »
Jac O'Keeffe

« Aucun événement ne justifie un sentiment négatif. Aucune situation tragique dans le monde ne justifie un sentiment négatif. C'est ce que les mystiques n'ont cessé de nous crier jusqu'à l'enrouement. Mais personne n'écoute. Le sentiment négatif est en vous. »
Anthony de Mello S.J., Quand la conscience s'éveille

Savoir que nous nous imposons nous-mêmes des émotions négatives est une *bonne nouvelle*, parce que cela signifie que nous avons le pouvoir de ne plus le faire ! Et quand nous aurons suffisamment souffert à cause de ces émotions négatives, nous chercherons un moyen de ne plus souffrir à cause d'elles. Il n'y a rien de mieux pour apprendre à sortir de la souffrance que le sentiment d'être malheureux. Autre excellente nouvelle, il existe une méthode simple pour mettre fin définitivement aux émotions négatives.

CHAPITRE 6 *Résumé*

- *Quand vous vous libérez d'émotions négatives, il ne reste que la Conscience infinie que vous êtes et votre vie devient absolument merveilleuse.*

- *Les pensées créent les émotions. Le type de pensées qui vous habitent crée le même type d'émotions.*

- *Ce que vous ressentez en votre for intérieur correspond exactement à ce que vous vivez dans le monde extérieur.*

- *Se sentir bien est votre véritable nature. Chaque fois que vous vous sentez bien, cela signifie que vous avez laissé tomber les émotions négatives, ce qui permet aux émotions positives d'apparaître naturellement.*

- *Les émotions positives apparaissent quand vous dites « oui » à ce qui arrive. Les émotions négatives apparaissent quand vous pensez ou dites « non ! » à ce qui arrive.*

- *Les émotions positives ne demandent aucun effort, parce qu'elles sont notre véritable nature. Les émotions négatives ont besoin d'énormément d'énergie pour être maintenues.*

- *Depuis notre plus jeune âge, nous avons réprimé inconsciemment d'innombrables émotions négatives qui sont stockées dans notre mental subconscient.*

- *Quand vous vivez quelque chose qui provoque en vous des émotions négatives, si vous ne les libérez pas complètement, vous allez les réprimer et les intérioriser.*

- *Relâcher un peu la pression ou exprimer ses émotions négatives refoulées n'est donc pas la réponse. En réalité, cela ne fait que renforcer leur énergie.*

- *Comme une émotion refoulée a besoin de libérer le corps d'une partie de ses tensions, elle trouve des personnes, des situations ou des événements pour libérer une partie de l'énergie accumulée.*

- *La prochaine fois qu'une émotion négative viendra s'emparer de vous, quelle que soit la façon dont elle apparaît, souvenez-vous que si vous en faites l'expérience, c'est parce qu'elle est* déjà *en vous, et non pas parce qu'une personne ou des circonstances extérieures l'ont causée.*

- *Les émotions négatives sont renforcées quand on s'identifie à elles.*

- *Remettez en cause* chaque *émotion négative en vous posant la question suivante : « Suis-je cela, ou suis-je celui qui est conscient de cela ? »*

- *Regardez les émotions apparaître puis disparaître, et observez que c'est vous – la Conscience – qui êtes conscient de leur apparition et de leur disparition.*

- *N'attendez pas des gens, des circonstances ou des événements qu'ils changent pour aller mieux, parce qu'ils ne le feront jamais. Transformer ce que vous ressentez à un moment donné sera toujours un travail intérieur.*

Chapitre 7

La fin des émotions négatives

« La seule chose qui vous sépare de ce que vous êtes est une pensée ou une émotion. C'est très simple. »
Mon maître

Le bonheur est notre état naturel. Si vous ne vous sentez pas heureux maintenant, cela signifie qu'une émotion négative empêche ce bonheur de se manifester en vous. Vous trouverez dans ce chapitre des pratiques qui vous aideront à vous défaire de l'emprise des émotions négatives. Quand vous n'en aurez plus, vous serez dans votre état naturel de joie absolue et de pur bonheur et votre vie n'aura jamais été aussi merveilleuse.

« La première chose à faire est d'entrer en contact avec les sentiments négatifs qui vous habitent et dont vous n'êtes même pas conscient. Un grand nombre de gens sont habités par des sentiments négatifs dont ils ne sont pas conscients. Un grand nombre de gens sont déprimés sans le savoir. Ce n'est que lorsqu'ils entrent en contact avec la gaieté qu'ils comprennent à quel point ils sont déprimés. [...] La première chose à faire est de prendre conscience de vos sentiments négatifs. Quels sentiments négatifs ? Les idées noires, par exemple. Vous vous sentez triste et maussade. Vous vous détestez, vous vous sentez coupable. Votre vie vous paraît inutile, absurde ; vous avez l'impression d'avoir été blessé dans

vos sentiments ; vous êtes nerveux, tendu. Entrez d'abord en contact avec ces sentiments. »
Anthony de Mello S.J., Quand la conscience s'éveille

Il n'est pas nécessaire de nommer l'émotion négative qui s'est emparée de vous. Il n'est d'ailleurs pas toujours facile de distinguer précisément ce que vous ressentez. La seule chose à savoir est que ce n'est pas un sentiment de bonheur, que c'est une émotion négative et que cette émotion négative vous empêche de vivre votre existence dans un bonheur perpétuel.

Soyez simplement conscient de votre émotion négative sans y opposer de résistance, sans l'exprimer, sans la juger d'aucune façon, et voyez que ce n'est qu'une émotion. Ne cherchez pas à la changer. Dès l'instant où vous ne cherchez plus à vous débarrasser d'une émotion négative ou à lui résister, l'énergie est libérée et l'émotion disparaît.

« Si vous cessez de résister à une émotion, elle ne peut pas se maintenir. »
Rupert Spira, lors de la conférence « Rest in Your Being »

Nous sommes convaincus qu'en résistant à des émotions négatives, nous pourrons nous en débarrasser, alors que c'est la garantie absolue qu'elles reviendront, encore et encore. Comme l'a dit le psychiatre Carl Jung : « Tout ce à quoi vous résistez persiste. » Cessez de résister et vous verrez que les émotions négatives, quelle que soit leur intensité, quittent le corps rapidement.

Mon maître m'a donné un exemple : quand vous mettez la paume de votre main contre la paume de main d'une autre personne et que vous poussez, vous ressentez une résistance. Mais si vous-même ou l'autre personne arrêtez de pousser, les deux mains retombent immédiatement. Je vous invite à faire cette expérience avec un ami ou un proche et vous verrez, ce sera clair comme de l'eau de roche. C'est exactement ce qui se passe quand vous cessez de résister à une émotion négative : elle se dissout.

Pour ne plus combattre une émotion négative, il suffit de la laisser être là, sans chercher à la modifier. Soyez-en simplement conscient tout en étant libre de toute tension, car cela reviendrait à lui résister. Pour que l'émotion puisse s'en aller, vous devez rester détendu et la laisser être présente, sans chercher à vous en débarrasser, à la transformer ou à interférer avec elle. Quand vous laissez simplement cette émotion être là, l'énergie est libérée. C'est le contraire même de ce que nous avons toujours fait, ce qui explique qu'il y ait autant d'émotions négatives refoulées en nous.

« La résistance est insidieuse. Elle est l'un des principaux obstacles qui nous empêchent d'avoir, de faire et d'être ce que nous désirons dans la vie. »
Hale Dwoskin, The Sedona Method

L'énergie associée à une émotion négative est libérée quand vous laissez cette émotion être présente. C'est un processus automatique. La seule chose à faire est d'être conscient de cette émotion, de la laisser être là et de ne pas chercher à la repousser, à la changer, à la contrôler ou à vous en débarrasser. Quand vous la laissez être là pleinement, l'énergie associée à cette émotion est libérée très rapidement et elle emporte avec elle une grande partie de l'émotion refoulée. Par exemple, si vous n'opposez pas de résistance à un sentiment de colère lorsqu'il apparaît et que vous le laissez être là, il vous quittera très vite et emportera avec lui une partie de la colère que vous avez refoulée tout au long de votre vie.

« Ne craignez pas vos émotions : laissez-les apparaître et disparaître. »
Shakti Caterina Maggi

Quand nous remarquons la présence d'une émotion en la laissant être ce qu'elle est, nous ne sommes plus en train de la réprimer ou de la refouler. Nous commençons enfin à la libérer. Même une colère terrible peut se dissiper en moins d'une minute si nous en sommes conscients. Laissez la colère être là et ne lui résistez pas.

« Si au lieu d'observer simplement nos émotions négatives, nous nous identifions à elles, nous pouvons très vite nous retrouver complètement vidés de notre énergie. En restant présents et en apprenant à ne plus nous identifier à nos émotions, nous pouvons reprendre le contrôle de notre énergie et en disposer pour enrichir notre expérience de la vie. »
David Bingham

Les pratiques que je vais aborder maintenant sont les méthodes les plus efficaces que je connaisse pour se libérer définitivement des émotions négatives, notamment celles que vous avez refoulées et accumulées tout au long de votre vie. Et quand ces émotions négatives ne seront plus là, vous ne serez plus jamais affecté par elles, votre santé sera au top, de même que vos finances, vos relations et toute votre existence. Mieux encore, quand elles auront toutes disparu, vous demeurerez dans la joie et le bonheur de la Conscience infinie. Tout ce à quoi vous aspirez apparaîtra dans votre vie sans effort. Vous vivrez l'expérience d'être humain tout en étant l'Être infini que vous êtes réellement.

« Quand tout ce que vous pouvez libérer aura été libéré, il ne restera que ce à quoi nous aspirons tous plus que tout. »
Rupert Spira, The Ashes of Love

Bienvenue

Souhaiter la bienvenue aux émotions négatives est la méthode que propose Francis Lucille – un enseignant brillant, ex-physicien – pour s'en libérer. C'est une des pratiques les plus puissantes que je connaisse pour éradiquer les émotions négatives.

Sachez également que la situation ou les circonstances à l'origine d'une émotion négative seront elles aussi amenées à changer à partir du moment où vous leur aurez souhaité la bienvenue, juste parce que vous aurez libéré l'émotion que la situation ou les circonstances avaient suscitée en vous.

Accueillir est le contraire de résister. Face à une émotion négative, la résistance s'exclame : « Non, je ne veux pas de toi ! » Alors qu'en l'accueillant, vous dites : « Oui, tu es la bienvenue ici. » La Conscience accueille toujours tout ce qui est. Aucune émotion négative, quelle que soit son intensité, ne peut résister à l'accueil de la Conscience. En définitive, absolument rien de négatif ne peut résister à son accueil.

L'idée même d'accueillir ce que vous ne voulez pas peut vous sembler bizarre. C'est pourtant bel et bien en vous y opposant que vous maintenez ce que vous ne voulez pas, alors que si vous l'accueillez, vous ne pouvez plus lui résister ! Il n'est pas toujours facile de ne pas s'opposer à une émotion négative ou de ne pas se crisper en sa présence, pourtant, quand vous l'accueillez, la résistance cesse miraculeusement et l'émotion négative, qui n'est qu'énergie, finit par s'en aller. C'est ainsi qu'une situation à laquelle vous résistiez peut changer.

Comme nous l'avons vu plus haut, ouvrir son attention, c'est un peu comme élargir au maximum la focale de son appareil photo de façon à ne plus s'attacher aux détails. Assurez-vous de ne pas rester focalisé sur une émotion. Cela ne ferait que la renforcer, parce que le mental *renforce* tout ce à quoi nous prêtons attention. Remarquez l'émotion, mais ne vous y attardez pas et ouvrez votre attention aussi largement que possible.

Pour se familiariser avec cette pratique, Hale Dwoskin suggère d'ouvrir grand les bras quand vous élargissez votre attention. Ouvrez les bras comme si vous vous apprêtiez à accueillir et à embrasser une personne qui vous est chère. Comme nous avons tendance à être contractés en permanence dans la région du cœur, sans nous en rendre compte, cette pratique nous aide à le faire. J'ouvre mon cœur consciemment pour accueillir dans ma vie ce dont je ne veux pas.

Mon maître dit qu'en accueillant ce qui est là, nous sommes notre vrai soi, la Conscience, parce que nous accueillons notre véritable nature. La Conscience infinie que vous êtes est si accueillante que les émotions négatives ne peuvent pas perdurer en sa présence. C'est très simple : quand vous accueillez quelque chose de négatif, vous le laissez se résorber dans sa source, c'est-à-dire en vous-même, la Conscience que vous êtes ! Quand vous accueillez une émotion négative, vous puisez ainsi dans votre pouvoir infini de la dissoudre.

Francis Lucille explique que plus on est dans une attitude d'accueil, plus on se rend compte que ce n'est pas vraiment un but en soi. Accueillir met simplement fin à l'activité de résistance du mental. Dans un premier temps, nous pouvons avoir le sentiment qu'accueillir est quelque chose que nous faisons, mais, plus nous pratiquons, plus nous réalisons que cela nous empêche simplement de *résister*, ce que nous sommes nombreux à faire par automatisme.

« L'émotion s'évapore, parce qu'elle n'est qu'énergie. Lorsqu'une émotion apparaît, observez qu'elle n'est qu'énergie et accueillez-la. Elle s'est manifestée parce que vous êtes prêt à vous en libérer. »
Mon maître

Ce qui vous blesse est une bénédiction

Il y a quelques années de cela, j'ai été en dépression. À l'époque, j'ignorais pratiquement toutes les découvertes dont je vous fais part dans ce livre, mais je savais heureusement ce qui m'avait conduite à faire une dépression. Ma fille était très malade, j'avais très peur pour elle et je ressassais des pensées terribles. Et comme je croyais ces pensées, j'ai sombré en quelques mois dans la spirale de la dépression.

« Les émotions comme la colère ou la tristesse n'existent que pour vous avertir du fait que vous croyez à vos propres histoires. »
Byron Katie, Libre : un mental en paix avec lui-même

Pour me sortir de la dépression, je me suis efforcée d'avoir des pensées positives et de gratitude, mais je me suis rendu compte que nos pensées ont un pouvoir très limité quand on est déjà en dépression. Un mécanisme de défense empêche nos pensées positives de se manifester quand on est au fond du désespoir ou de la dépression. Comme cette méthode ne fonctionnait pas, j'ai cherché un autre moyen de m'en sortir.

Quand j'ai compris que je ne pourrais pas surmonter la dépression en m'efforçant d'avoir des pensées positives, j'ai décidé de ne plus lui résister, parce que je savais que « ce à quoi on résiste persiste ». J'ai fermé les yeux et observé dans mon corps l'endroit où elle semblait s'être logée. Je me suis ouverte à ce nuage sombre comme si j'ouvrais grand les bras pour l'accueillir, comme si j'allais l'étreindre, comme si c'était une personne que j'aimais infiniment et que je n'avais pas vue depuis longtemps. J'ai ouvert mon cœur et aimé la dépression autant que je le pouvais, en la laissant se rapprocher de moi. Pendant quelques secondes, mon état dépressif s'est aggravé, puis, soudain, tout est devenu de plus en plus léger et, en un rien de temps, il s'était évanoui. Il n'a fallu que quelques secondes pour que la dépression me quitte ; c'était aussi simple que cela. J'ai ressenti alors un soulagement merveilleux !

Quelques heures plus tard, le sentiment de dépression est revenu, mais il était déjà beaucoup moins intense. J'ai appliqué la même méthode, accueillant la dépression chaque fois qu'elle réapparaissait. Plus je pratiquais, plus la dépression perdait de son intensité et en l'espace de quelques jours, elle finit par disparaître totalement.

« Dès l'instant où tu acceptes les difficultés qui surviennent, la porte t'est ouverte. »
Rûmî

Je sais que je ne souffrirai plus jamais de dépression. Elle a quitté mon corps définitivement.

Si j'ai pu le faire pour la dépression, vous pouvez le faire pour toute émotion négative. Je vous invite à mettre en œuvre cette méthode pour mieux comprendre comment cela se passe. Dissoudre une émotion négative au moment même où elle se manifeste est une sensation merveilleuse. Au lieu de résister à la dépression, ce qui ne faisait que le renforcer et l'enraciner en moi, j'ai fait le contraire. À ma façon, sans savoir vraiment ce que je faisais alors, j'ai eu l'intuition d'accueillir cet état mental négatif.

Depuis, j'utilise cette pratique pour toutes les émotions négatives qui se manifestent, ainsi que pour les pensées négatives et les sensations de douleur dans le corps, comme une crampe au pied ou une migraine. Je me suis rendu compte que les sensations corporelles pouvaient se dissoudre aussi rapidement que les émotions négatives dès lors qu'on cesse d'y résister.

Vous pouvez utiliser cette pratique pour tout ce qui vous fait souffrir, que ce soient des pensées, des histoires ou des émotions négatives, des sensations douloureuses, des souvenirs pénibles ou des croyances qui vous limitent. En les accueillant, en leur souhaitant la bienvenue, vous vous libérez de tout attachement émotionnel et permettez à votre vie de changer en mieux dans tous ses aspects.

« Quand nous aimons notre haine, nous cessons de haïr. L'amour l'emporte toujours. Aimer la haine signifie l'accueillir. Cela ne veut pas dire faire ce qu'elle nous dit de faire ni la réprimer. En aimant la haine, nous nous extrayons de son processus et l'amour peut rayonner. »
Francis Lucille, The Perfume of Silence

Les émotions négatives telles que la peur peuvent être très pénibles, voire terrifiantes, et c'est la raison pour laquelle nous avons pris l'habitude de les réprimer aussitôt qu'elles apparaissent pour ne pas y faire face. Mais nous faisons erreur. Laisser une émotion négative être présente, l'accueillir sans chercher à s'en débarrasser peut sembler très difficile à vivre pendant quelques secondes, car elle s'intensifie, mais elle finit toujours par disparaître complètement.

Quand vous laissez une émotion négative être présente sans chercher à la réprimer, elle perd de son intensité et se dissout progressivement. Et si vous la laissez continuer à se manifester plusieurs fois, elle finit par être délogée définitivement du corps. Observez tout le bonheur qui se répand dans votre corps et toutes les bonnes choses qui arrivent dans votre vie simplement parce que vous avez pu libérer une émotion négative.

« Parfois, nous lâchons prise devant une émotion pour constater qu'elle réapparaît. C'est parce que nous n'avons pas encore totalement lâché prise. Nous avons intériorisé toutes ces émotions tout au long de notre existence, ce qui représente parfois une énorme quantité d'énergie à reconnaître et à libérer. Quand le lâcher-prise est total, cela génère en nous un sentiment de légèreté et de bonheur immédiat : on se sent extrêmement bien. »
Dr. David R. Hawkins, Letting Go

Quand vous aurez libéré les émotions négatives accumulées dans votre corps, vous ressentirez un soulagement délicieux. Plus vous aurez libéré d'émotions négatives, plus votre corps sera léger, plus votre vie se déroulera de manière harmonieuse et plus vous serez heureux. Plus vous pratiquerez, plus il vous sera facile de vous libérer d'émotions négatives. À un moment donné, vous constaterez que la plupart des émotions négatives s'évaporent instantanément, parce qu'elles sont libérées automatiquement dès que vous en êtes conscient. Tel est le pouvoir infini de la Conscience !

« Se libérer, c'est comme respirer. C'est naturel : vous inspirez, vous expirez. »
Mon maître

« Si vous n'êtes pas totalement à l'aise en ce monde, mettez-vous au Travail. C'est la raison d'être de chaque sensation pénible – la raison d'être de la douleur, de l'argent ou de toute chose dans ce monde : vous permettre de vous réaliser. »
Byron Katie, Aimer ce qui est

Toutes les émotions négatives vous invitent à rentrer à la maison, c'est-à-dire vers ce que vous êtes. Elles vous indiquent que vous croyez à des histoires qui ne sont pas vraies pour que vous puissiez les accueillir et vivre à partir de la Conscience majestueuse que vous êtes vraiment. Quelle ironie de savoir que les émotions négatives que l'on cherche à éviter à tout prix sont justement ce qui nous permet de nous libérer !

« Ce qui te blesse est une bénédiction. L'obscurité est ta bougie. »
Rûmî

Voyez dans chaque émotion négative qui apparaît une occasion de vous en libérer définitivement. Comme le dit mon maître, une émotion négative n'apparaît que si vous êtes prêt à vous en libérer. Accueillez cette émotion sans chercher à la modifier ou à vous en débarrasser. Vous êtes l'Être infini : accueillir est votre véritable nature. Accueillez chaque émotion négative jusqu'à ce que vous en soyez libéré une bonne fois pour toutes.

« Il est possible de se sentir tourmenté dans un environnement paisible, tout comme il est possible de se sentir parfaitement en paix dans un environnement bruyant, dangereux et empli d'émotions négatives. »
Jan Frazier, Opening the Door

Comment accueillez-vous les émotions que vous ressentez quand on évoque des sujets sur lesquels vous avez des idées bien arrêtées ou des situations auxquelles vous êtes opposé, comme la cruauté à l'égard des animaux ?

Comprenez que vos émotions négatives vous font du tort et n'aident pas votre cause. Accueillez les sensations et les émotions qui naissent en vous quand on aborde ces sujets. Accueillez votre désapprobation et le sentiment d'injustice. Continuez à les accueillir jusqu'à ce qu'il ne reste plus aucune sensation ni aucune émotion quand vous y songez.

Peut-être craignez-vous de perdre la motivation qui vous pousse à agir si vous ne ressentiez plus ces émotions ? Sachez que ce n'est qu'une histoire que vous raconte votre mental, et tout le contraire de la vérité. C'est en opposant une forte résistance que vous alimentez cette émotion, ce qui ne fait que la renforcer. Quand vous libérez vos émotions négatives à propos d'un sujet, vous libérez toute l'énergie que vous y avez mise et ne laissez plus les circonstances exercer un quelconque pouvoir sur vous. En l'absence d'émotions négatives, votre amour et votre compassion apparaissent naturellement et prennent la place des émotions négatives. Il y a dans cet amour et cette compassion une force atomique qui a le pouvoir de changer le monde.

J'aimerais vous parler de Lester Levenson. Lester s'est éveillé en l'espace de trois mois en libérant toutes les émotions et les croyances négatives qu'il avait accumulées dans sa vie. Avant cela, Lester avait de nombreux problèmes de santé : il souffrait notamment de dépression, de migraines, de troubles intestinaux, d'une jaunisse, d'une splénomégalie, de calculs rénaux, de mélancolie, d'hyperacidose, d'ulcères ayant perforé son estomac et créé des lésions, ainsi que d'une maladie cardiaque coronarienne.

Ses problèmes de santé ont disparu l'un après l'autre au fur et à mesure que Lester s'est libéré des émotions négatives qu'il avait refoulées. Il a appelé cette pratique de libération des émotions négatives « la méthode Sedona », dont il a confié le suivi à l'un de ses élèves, Hale Dwoskin, qui est cité à la fois dans *Le Secret* et dans ce livre. La méthode mise au point par Lester continue de bénéficier à de nombreuses personnes de par le monde.

« Je lâchais prise et défaisais l'enfer que j'avais créé. En embrassant tout avec amour, en cherchant à aimer plutôt qu'à être aimé, en assumant l'entière responsabilité de tout ce qui m'arrivait, en décelant toutes les pensées que j'avais accumulées dans mon subconscient et en les corrigeant, je suis devenu de plus en plus libre et de plus en plus heureux. »
Lester Levenson

« Pensez à un souvenir douloureux de votre petite enfance, à un regret terrible que vous avez enfoui profondément en vous. Regardez toutes les années pendant lesquelles vous avez nourri des pensées associées à cet événement. En lâchant prise devant l'émotion douloureuse que vous avez refoulée, toutes les pensées qui y sont associées disparaissent instantanément et vous ne gardez plus aucun souvenir de l'événement lui-même. »
Dr. David R. Hawkins, Letting Go

Quand on lâche prise pour accueillir une émotion refoulée associée à un souvenir, même très lointain, les centaines, voire les milliers de pensées corrélées à ce souvenir sont libérées en même temps. Cette pratique est tout simplement fantastique ! La légèreté, le bonheur que vous ressentez après vous être libéré d'elles sont indescriptibles. Il va sans dire que vous constaterez de nombreux changements dans votre vie. Au moment où vous relâchez ces émotions refoulées, vous savez intimement qu'elles ont eu des effets délétères sur votre santé. Et quand vous verrez que tous les aspects de votre vie commencent à s'améliorer, ce qui ne fait aucun doute, vous saurez par vous-même qu'elles vous empêchaient de vivre pleinement.

Un jour, j'ai utilisé cette pratique pour me libérer d'une émotion douloureuse que j'avais éprouvée dans mon enfance et qui était restée enfouie en moi depuis. Aujourd'hui, je ne sais même plus de quelle expérience il s'agissait, je me souviens seulement que j'ai libéré cette émotion. Toutes les pensées associées à ce souvenir m'ont quittée en même temps, au point que le souvenir lui-même a disparu.

Les souvenirs douloureux sont de lourds fardeaux que nous portons. Ils nous empêchent d'avoir une vie pleinement épanouie et ne sont en rien ce que nous sommes. Vous avez le pouvoir de vous en libérer.

« Prenez conscience de l'émotion associée à chaque pensée et elle disparaîtra. C'est un mécanisme d'autonettoyage. Utilisez le raccourci pour dissoudre les émotions, en les accueillant, et vous pourrez dissoudre des centaines de pensées négatives. »
Mon maître

Qu'il est bon de savoir qu'en libérant une seule émotion négative, on fait disparaître en même temps des centaines, si ce n'est des milliers de pensées négatives. En vous libérant des émotions négatives, vous vous libérez du doute, d'une mauvaise estime de soi, du besoin d'être approuvé, de l'insécurité, du manque de confiance en soi et de toutes sortes de pensées négatives qui vous empêchent de vivre une vie merveilleuse dans un état de bonheur permanent. Chaque fois que vous laissez partir une émotion négative, votre vie devient plus belle.

La super pratique

Je tiens à partager avec vous une pratique extraordinaire que mon maître m'a fait découvrir et qui a changé ma vie. Je l'utilise quotidiennement. C'est une combinaison simple mais puissante des deux pratiques les plus importantes présentées dans ce livre : accueillir et demeurer en tant que Conscience. Mon maître explique que lorsqu'on demeure en tant que Conscience, le corps effectue un autonettoyage automatique. Ce qui signifie que tant que vous demeurez en tant que Conscience, l'énergie d'une émotion négative qui était bloquée est libérée du corps systématiquement. Vous pouvez parfois le ressentir dans la région de la poitrine.

Étape 1 : accueillir tout ce qui est négatif

Ouvrez votre cœur et accueillez les réactions, sentiments, sensations, pensées négatifs ou les problèmes au moment même où ils apparaissent.

Étape 2 : demeurer en tant que Conscience

Demeurez en tant que Conscience en gardant votre attention grande ouverte, comme si vous vouliez faire une photo panoramique avec votre appareil photo, sans vous concentrer sur un détail.

Comme la Conscience est par nature accueillante, vous remarquerez après quelque temps que ces deux étapes ne font qu'une. Au moment même où vous accueillez, vous constatez que la Conscience est présente instantanément.

Depuis que j'utilise cette super pratique, j'ai remarqué que lorsque j'ai des émotions ou des réactions négatives, elles sont de moins en moins intenses et se dissipent rapidement. J'en suis même arrivée à me réjouir de voir apparaître une émotion ou une réaction négative, non seulement parce que cela m'invite à me souvenir de l'accueillir et à demeurer en tant que Conscience, mais aussi parce que je me sens *si bien* une fois qu'elle s'est dissipée.

J'utilise aussi cette pratique face à une situation négative ou lorsqu'un problème apparaît. J'ouvre grand mon attention, j'ouvre mon cœur et j'accueille toute émotion négative que cette situation a pu générer en moi en demeurant en tant que Conscience du mieux possible. À ce propos, la meilleure méthode pour demeurer en tant que Conscience consiste à l'aimer. Ainsi, vous lui accordez toute votre attention. J'ai observé qu'une situation négative change très vite lorsque j'utilise cette pratique. Ce qui est normal, car c'est notre résistance qui nous condamnait à vivre cette situation négative !

« Quand nous sommes dans cet état de conscience, il n'y a plus aucune souffrance. »
Jan Frazier, When Fear Falls Away

Il y a quelques années, j'ai été amenée à vivre un événement que la plupart des gens trouveraient très stressant et angoissant. Mais en pratiquant l'accueil et en demeurant en tant que Conscience, cet événement ne m'a pas affectée comme cela aurait été le cas avant que je découvre ces pratiques.

Les incendies étaient sur le point de détruire le quartier où j'habitais. Quand on a été évacués, je me sentais extrêmement calme, parce que j'acceptais tout ce qui se passait. Je savais en mon for intérieur que si j'avais dû perdre ma maison, cela aurait été la meilleure chose qui puisse m'arriver et que la vie me conduisait dans une nouvelle direction. Les incendies ont été incontrôlables pendant des semaines et ils ont tout dévasté sur leur passage. Ils ont fini par se rapprocher de ma maison et ont détruit des habitations juste à côté. Mais je n'avais pas peur et je n'avais aucun attachement quant à ce qui pouvait se passer. Je n'opposais aucune résistance, j'accueillais la situation, et ma maison a finalement été épargnée. Et si j'ai pu me sentir si sereine, c'est parce que j'avais souvent pratiqué l'accueil avant cet incident.

« J'ai compris à quel point le fait de résister à ce qui se passe maintenant ou de vivre dans le passé ou le futur nous rend malheureux. Je ne pense pas que j'étais consciente de toute la souffrance qui m'habitait avant. C'est comme si, depuis cinquante ans, je n'avais cessé de me taper sur les doigts avec un marteau et qu'un jour, le marteau m'était tombé des mains. »
Jan Frazier, Opening the Door

Chaque seconde que vous consacrez à vous libérer de vos émotions négatives en vaut la peine. Depuis que j'ai découvert Le Secret, en 2004, je me sens bien la plupart du temps, et je vis aujourd'hui dans un état de pur bonheur grâce aux connaissances et aux pratiques que je partage avec vous dans ce livre.

Pouvez-vous imaginer à quoi ressemblerait votre vie si vous pouviez passer toute une journée sans être affecté par une quelconque émotion négative ? Imaginez alors ce que ce serait pendant un mois ou un an. Si vous n'aviez pas d'émotions négatives, vous n'auriez pas de pensées négatives pour s'opposer à ce que vous désirez et vous seriez comme un aimant qui attire tout ce à quoi vous aspirez ! Quand vous en ferez vous-même l'expérience, vous saurez ce qu'est la véritable joie de vivre.

CHAPITRE 7 *Résumé*

- *Le bonheur est notre état naturel. Si vous ne vous sentez pas heureux maintenant, cela signifie qu'une émotion négative empêche ce bonheur de se manifester en vous.*

- *Soyez simplement conscient d'une émotion négative sans y opposer de résistance, sans l'exprimer, sans la juger d'aucune façon, et voyez que ce n'est qu'une émotion.*

- *L'énergie associée à une émotion négative est libérée automatiquement quand vous laissez cette émotion être là. C'est un processus automatique.*

- *Souhaiter la bienvenue aux émotions négatives est une pratique qui permet de les éradiquer. Accueillir est le contraire de résister. C'est dire à une émotion négative :* « *Oui, tu es la bienvenue ici.* »

- *Au début, il peut être utile d'ouvrir grand les bras quand vous ouvrez votre attention. Vous pouvez aussi ouvrir consciemment votre cœur.*

- *Utilisez cette pratique d'accueil pour tout ce qui vous fait souffrir, que ce soient des pensées, des histoires ou des émotions négatives, des sensations douloureuses, des souvenirs pénibles ou des croyances qui vous limitent.*

- *Quand vous laissez une émotion négative être présente sans chercher à la réprimer, elle perd de son intensité.*

- *Toutes les émotions négatives vous invitent à rentrer à la maison, c'est-à-dire vers ce que vous êtes. Elles vous indiquent que vous croyez à des histoires qui ne sont pas vraies pour que vous puissiez les accueillir et vivre à partir de la Conscience majestueuse que vous êtes vraiment.*

- *Une émotion négative n'apparaît que si vous êtes prêt à vous en libérer.*

- *Quand vous libérez vos émotions négatives à propos d'un sujet, vous libérez toute l'énergie que vous y avez mise et ne laissez plus les circonstances exercer un quelconque pouvoir sur vous.*

- *Quand nous accueillons une émotion refoulée associée à un souvenir, les centaines, voire les milliers de pensées associées à ce souvenir sont libérées en même temps.*

- *La légèreté, le bonheur que vous ressentez quand vous vous libérez d'émotions associées à des souvenirs douloureux sont indescriptibles.*

- *La super pratique*
  Étape 1 : accueillir tout ce qui est négatif.
  Étape 2 : demeurer en tant que Conscience.

CHAPITRE 8

LA FIN DE LA SOUFFRANCE

« La souffrance est facultative. »
Byron Katie, Libre : un mental en paix avec lui-même

Vous n'êtes pas là pour souffrir. Si vous vivez à partir de votre soi véritable, la Conscience, vous ne souffrirez plus jamais. Peut-être avez-vous du mal à imaginer une vie sans souffrance, mais je peux vous assurer sans le moindre doute que c'est possible. Cela peut être votre vie en cet instant même.

« La douleur est physique, mais la souffrance vient du mental. »
Anthony de Mello S.J.

« Votre soi le plus élevé ne souffre pas. Votre soi ordinaire ne peut pas imaginer une seule seconde qu'il est possible de ne pas souffrir. »
Jan Frazier, The Freedom of Being

Nous souffrons parce que nous croyons nos pensées négatives. Cette souffrance est un état que nous nous infligeons nous-mêmes.

« J'ai découvert que quand je croyais mes pensées, je souffrais, mais que quand je ne les croyais pas, je ne souffrais pas et que cela est vrai pour chaque être humain. La liberté est aussi simple que cela. »
Byron Katie, Les Mille Visages du bonheur

« Chaque fois que vous souffrez, votre souffrance est contenue dans une seule pensée : "Je n'aime pas cela". En d'autres termes, nous laissons une simple pensée vide de substance gâcher notre bonheur. »
Rupert Spira, lors de la conférence « Suffering Is Contained in a Single Thought »

Notre mental a tendance à répondre aux circonstances de la vie en refusant tout en bloc, alors que la Conscience acquiesce à tout.

« La conscience dit même "oui" au "non" ! »
Mon maître

Dire « non » vous maintient dans ce que vous ne voulez pas. À l'inverse, quand vous dites « oui » à ce que vous ne voulez pas, quand vous cessez de résister, les choses peuvent changer. Cela peut sembler étrange, mais c'est bien ainsi que cela fonctionne. Quand vous dites « Non, je ne veux pas cela », vous résistez, et, comme vous l'aurez compris, tout ce à quoi vous résistez persiste.

« Si vous vous maintenez dans cet état d'acceptation, vous ne créez plus de négativité, de souffrance ou de tourments. Par conséquent, vous vivez dans un état de non-résistance, de grâce et de légèreté et libre de toute lutte intérieure. »
Eckhart Tolle, Le Pouvoir du moment présent

« J'aime profondément ce qui est, non pas parce que je suis quelqu'un d'évolué sur le plan spirituel mais parce que, lorsque je me dispute avec la réalité, cela fait mal. »
Byron Katie, Aimer ce qui est

« Si vous pouviez abandonner toute résistance en cet instant même, par ce simple geste vous vous libéreriez d'un énorme fardeau de souffrance. »
Jan Frazier, The Freedom of Being

Quand nous ne nous opposons plus à ce qui s'est passé, il n'y a plus de conflits et l'énergie ne reste pas bloquée. En agissant ainsi, l'incident ne peut pas se maintenir dans notre vie. À l'inverse, quand nous résistons à ce qui s'est passé, la situation perdure et nous continuons à souffrir. Bob Adamson, « le marin », qui est un enseignant merveilleux, nous invite à laisser les expériences aller et venir sans les juger.

« S'accrocher, résister et ne pas vouloir ce qui se passe est la seule cause de la souffrance psychologique. »
Peter Lawry, lors de la conférence « No Separation »

« La plupart des gens croient jusqu'à leur dernier souffle que la souffrance est inévitable. Comme c'est triste ! Si vous écartez la possibilité qu'il puisse en être autrement, vous souffrirez inutilement jusqu'à votre dernier jour. Mais si vous décidez de devenir libre, vous connaîtrez la fin de la souffrance et bien plus encore. Le véritable miracle ne consiste pas à se défaire de l'anxiété qui nous habite, mais à accéder à toutes les richesses qui sont désormais à notre portée dans cet "espace" libéré. »
Jan Frazier, When Fear Falls Away

La fin immédiate de la souffrance

Ce que je m'apprête à vous expliquer n'est peut-être pas ce qu'il y a de plus facile à comprendre, mais si vous y parvenez, vous serez aussitôt délivré de la souffrance. Notre mental nous fait croire que *nous* sommes la personne qui souffre. Bien entendu, si nous croyons notre mental sans le remettre en question, notre souffrance est immense. Mais la vérité est que vous êtes ce qui est *conscient* de la souffrance. Celui qui souffre est l'idée que vous vous faites de vous-même et à laquelle vous adhérez, mais ce n'est pas ce que vous êtes réellement.

« La fin de la souffrance, c'est quand vous reconnaissez que personne ne souffre. »
Hale Dwoskin

Mon maître vous inviterait à vous poser la question suivante :

« Suis-je celui qui souffre ? Ou suis-je celui qui est conscient de la souffrance ? »

Quand nous cessons de croire ce que nous dit le mental – que nous sommes celui ou celle qui souffre –, la souffrance prend fin immédiatement.

« Une fois que l'on a compris la nature du mental, il n'y a plus de souffrance possible. »
Byron Katie, Libre : un mental en paix avec lui-même

« La conscience ouvre la porte, dissipe toutes les croyances, les opinions et les idées qui vous empêchent d'accéder à votre état de bonheur naturel. »
Anthony de Mello S.J.

« Lorsque la mécanique de la souffrance s'effondre et que le mental devient plus serein, vous avez le sentiment d'être rentré à la maison. La maison vous a trouvé, c'est souvent l'impression que cela vous donne, car ce n'est pas là que vous cherchiez a priori, en tout cas pas consciemment. Ou peut-être l'avez-vous cherchée, mais pas au bon endroit. »
Jan Frazier, The Great Sweetening: Life After Thought

La cause profonde de toute souffrance dans le monde est de croire que nous sommes une personne séparée. Votre mental vous persuade que vous n'êtes rien d'autre qu'une personne, qui plus est une personne vulnérable à toutes sortes de choses qui pourraient mal tourner. Si vous croyez cette histoire que vous raconte votre mental, vous serez complètement sous son emprise. Votre mental ne cessera de vous assaillir de pensées angoissantes, en vous disant, par exemple, que vous êtes vulnérable, que les choses pourraient mal se passer, que vous et votre existence êtes limités. Ce qui est triste, c'est que cela deviendra votre vie si vous le croyez. C'est pourtant tout le contraire de la vérité. Nous ne sommes pas séparés. Nous avons *l'apparence* d'une personne séparée, nous faisons *l'expérience* d'être une personne séparée, mais si nous voulons vivre une vie merveilleuse et connaître un bonheur durable, nous ne devons pas perdre de vue la vérité : nous sommes la Conscience éternelle et infinie et il n'y a qu'un seul Un.

La fin des problèmes

Nous pensons avoir un problème quand les choses ne se déroulent pas comme nous l'avions prévu ou quand nous avons le sentiment que quelque chose s'est « mal » passé. Face à un problème, la réponse immédiate du mental est : « Je n'en veux pas ! » Or :

« Les problèmes n'existent que dans le cerveau humain. »
Anthony de Mello S.J., Quand la conscience s'éveille

« Les problèmes ne sont pas réels. Les problèmes sont imaginaires. Il n'y a pas de problème. C'est impossible. Ce que vous êtes ne connaît pas les problèmes. Les problèmes sont fabriqués, tous sans exception. »
Mon maître

« Tous les problèmes proviennent de nos souvenirs ; en cet instant même, il n'y a pas de problème. »
Hale Dwoskin

« Sans l'esprit humain, il n'y aurait pas de problème, car tous les problèmes naissent de l'esprit humain. »
Anthony de Mello S.J., Redécouvrir la vie

La vérité, c'est que les problèmes ne sont que des histoires créées par les pensées qui s'élèvent dans notre mental. C'est le mental qui interprète la vie en racontant une histoire au sujet de ce qui vient de se passer et en fait un problème. Si vous voulez vivre une vie exempte de problèmes, plutôt que de croire votre mental, utilisez le pouvoir de votre Conscience pour devenir *conscient* de votre mental.

Plus vous vivrez en tant que Conscience, plus vous verrez clairement que les problèmes sont des limitations imaginaires. Comment la Conscience infinie que vous êtes pourrait-elle avoir le moindre problème ?

« C'est comme si vous mettiez votre main dans le feu en criant : "Aïe, c'est chaud ! Ma main brûle. Mince, j'ai vraiment un problème !" Puis que vous la remettiez encore et encore, jusqu'au jour où vous réalisez que c'est vous-même qui accomplissez ce geste et cessez de le faire. Si vous avez un problème, c'est que vous mettez votre main dans le problème en vous

écriant "Ça fait mal !", tout en faisant comme si ce n'était pas vous qui l'aviez mise. C'est pourtant le cas. »
Lester Levenson et Hale Dwoskin, Happiness Is Free, *volumes 1–5*

« Tous les problèmes viennent de l'ego. Vous êtes libre quand vous n'accordez plus aucun crédit à un quelconque problème. »
Mon maître

La difficulté, c'est qu'à partir du moment où vous *croyez* avoir un problème, il ne fait aucun doute que vous allez en *faire l'expérience*. Mais si vous prenez conscience qu'en réalité, c'est le mental et ses pensées qui vous racontent une histoire négative de plus, le supposé problème finit par disparaître parce que votre croyance cesse de le manifester dans votre vie ou dans le monde.

« Quand quelqu'un dit "J'ai un problème", c'est dans sa tête. C'est le seul endroit où il y a un problème, parce qu'il n'y a rien que l'on puisse voir ou concevoir en dehors du mental. Tout ce que vous voyez, entendez et ressentez se passe dans le mental et par l'intermédiaire du mental. C'est là que tout se passe. »
Lester Levenson et Hale Dwoskin, Happiness Is Free, *volumes 1–5*

« Ce que je vais vous dire est très puissant : il n'y a jamais aucun problème nulle part. Il n'y a qu'un manque d'amour. »
Mon maître

Quand vous ne résistez à rien, quand vous acceptez toutes les choses telles qu'elles sont, c'est de l'amour. Quand l'amour est là, aucun problème ne peut exister. C'est la raison pour laquelle aucun problème ne peut affecter ce que vous êtes réellement, parce que vous êtes pur amour. Cet amour est si pur que notre mental ne peut le concevoir. Il accueille tout, accepte tout, permet tout et n'a aucun attachement. C'est le genre d'amour dont ont fait preuve des êtres éveillés remarquables tels que le Bouddha, Jésus-Christ, Lao-tseu, Krishna et bien d'autres. Et ce pur amour que vous êtes ignore les problèmes.

Il n'empêche que, du point de vue de la personne limitée, les problèmes semblent bien réels. La réaction de notre mental est à l'opposé de la façon dont réagit la Conscience infinie : le mental résiste à ce qui est et refuse la façon dont les choses se passent au lieu de les accepter et de les laisser être ce qu'elles sont.

Selon Lao-tseu, la vie est une succession de transformations naturelles et spontanées. Le sage nous invite à ne pas y résister, sous peine de créer des problèmes. Il faut laisser la réalité être ce qu'elle est et respecter l'ordre naturel des choses, sans chercher à le modifier.

« Lorsqu'il n'y a pas d'investissement émotionnel de notre part pour changer les choses telles qu'elles sont, elles sont libres d'évoluer et de se résoudre d'elles-mêmes. »
Kalyani Lawry

En appliquant les principes contenus dans *Le Secret*, j'ai constaté que lorsque je suis heureuse, il n'y a pratiquement plus aucun problème dans ma vie. Quand on est heureux, soit les problèmes n'apparaissent pas, soit ils sont si infimes qu'ils n'ont pas le pouvoir d'entacher notre bonheur. Quand je suis heureuse, les problèmes semblent minimes par rapport à ma façon de les vivre quand j'étais en proie au désespoir et que je me faisais une montagne de tout. Comprenez-vous maintenant pourquoi, lorsqu'on atteint le niveau ultime du bonheur – quand nous savons qui nous sommes –, il n'y a absolument aucun problème ?

« Les problèmes dans le monde sont sans fin. Si vous voulez en voir le bout, vous passerez votre temps à tenter de les résoudre et ne cesserez d'en

trouver de nouveaux. Tant que vous considérez qu'il y a des problèmes, ils existent. Ce n'est qu'en réalisant le soi véritable que vous découvrirez la fin des problèmes. »
Lester Levenson et Hale Dwoskin, Happiness Is Free, *volumes 1–5*

Comment se libérer définitivement des problèmes

« Vous pouvez vous libérer de tout. Voulez-vous consacrer votre attention à un problème en le changeant, en le corrigeant, en essayant de le comprendre ou voulez-vous vous en libérer ? »
Mon maître

Quand j'ai fait part à mon maître de ce que je pensais être un problème important, voici ce qu'elle m'a dit, et on ne peut pas être plus clair :

« Cesse de penser à ce problème. Cesse de vouloir qu'il soit plus comme ceci ou moins comme cela. Cesse de vouloir t'en débarrasser. Cesse de vouloir le transformer. Cesse de vouloir le comprendre. Cesse de vouloir le contrôler. Le problème cessera de lui-même si tu décides d'être Conscience. Tout ce qui n'est pas amour s'effondre en présence de l'amour. Tout ce qui n'est pas réel est anéanti face à la Conscience. »
Mon maître

Comme je l'explique dans *Le Secret*, le fait de diriger son attention sur un objet renforce son énergie. En effet, quand vous prêtez attention à un problème, vous l'alimentez et il prend encore plus d'ampleur. Chercher à résoudre un problème, à le régler, à le contrôler ou à s'en débarrasser revient à lui accorder votre attention ! Mais si vous l'ignorez, il finit par disparaître parce que vous ne l'entretenez plus. Il ne peut que s'effondrer. C'est comme lorsqu'on retire l'oxygène d'un feu, il s'éteint de lui-même.

« Quand vous cherchez à vous débarrasser d'un problème, vous ne faites que le renforcer. En gardant ce problème présent à l'esprit, en cherchant à vous en défaire, vous l'entretenez. La seule façon de surmonter un problème est de ne plus s'en préoccuper. Cessez de regarder le problème. Concentrez-vous sur ce que vous désirez. »
Lester Levenson, Will Power, *enregistrement audio*

À partir du moment où vous aurez détaché votre attention d'un problème, vous pourrez utiliser votre mental pour créer ce que vous voulez, en dirigeant vos pensées uniquement sur ce que vous désirez.

« L'énergie voyage dans la même direction que vos pensées. »
Michael Bernard Beckwith, cité dans Le Secret

Nous avons tendance à porter notre attention sur ce que nous ne voulons pas, croyant à tort que cela fera changer les choses. Or, si nous voulons qu'un problème disparaisse, nous devons cesser de lui prêter attention. Un jour, j'ai entendu dire que les problèmes, c'est un peu comme un invité qui n'est pas le bienvenu ; si vous l'ignorez, il finit par partir !

Servez-vous du pouvoir de la Conscience pour être conscient des pensées négatives qui apparaissent dans votre mental et des histoires qu'il vous raconte. Vous verrez qu'elles s'évanouiront d'elles-mêmes et vous serez libéré de tous les problèmes et de toute souffrance. C'est simplement un autre exemple de la joie et de la félicité que vous pourrez ressentir en vous établissant dans la Conscience que vous êtes.

« Le miracle éclot doucement. Soyez patient. Toute votre vie, vous avez fait les choses de travers et cru que vous ne pouviez pas échapper aux tourments de la vie. Ne vous attendez pas à ce que tous les problèmes disparaissent d'eux-mêmes d'un seul coup. »
Jan Frazier, The Freedom of Being

CHAPITRE 8 *Résumé*

- *Vous n'êtes pas là pour souffrir. Si vous vivez à partir de votre soi véritable, la Conscience, vous ne souffrirez plus jamais.*

- *Nous souffrons parce que nous croyons nos pensées négatives. Cette souffrance est un état que nous nous infligeons nous-mêmes.*

- *Quand nous résistons à ce qui s'est passé, la situation perdure et nous continuons à souffrir.*

- *Posez-vous la question : « Suis-je celui qui souffre, ou suis-je celui qui est conscient de la souffrance ? » La vérité est que vous êtes celui qui est* conscient *de la souffrance et non celui qui l'endure.*

- *La cause profonde de toutes les souffrances dans le monde est de croire que nous sommes une personne séparée.*

- *Les problèmes n'existent que dans le cerveau humain. Les problèmes ne sont pas réels. Les problèmes sont imaginaires.*

- *Si vous voulez vivre une vie exempte de problèmes, plutôt que de croire votre mental, utilisez le pouvoir de votre Conscience pour devenir* conscient *de votre mental.*

- *Quand vous prêtez attention à un problème, vous l'alimentez et il prend encore plus d'ampleur. Mais si vous l'ignorez, il finit par disparaître, parce que vous ne l'entretenez plus.*

- *À partir du moment où vous aurez détaché votre attention d'un problème, vous pourrez utiliser votre mental pour créer ce que vous voulez, en dirigeant vos pensées uniquement sur ce que vous désirez.*

- *Servez-vous du pouvoir de la Conscience pour être conscient des pensées négatives qui apparaissent dans votre mental et des histoires qu'il vous raconte. Vous verrez qu'elles s'évanouiront d'elles-mêmes et vous serez libéré de tous les problèmes et de toute souffrance.*

Chapitre 9

Se défaire des croyances qui nous limitent

« Toutes les croyances sont des limitations imaginaires. »
Mon maître

Qu'est-ce qu'une croyance ? Une croyance n'est qu'une pensée que l'on ressasse jusqu'au moment où elle devient une croyance. Toutes les croyances sont limitées car elles proviennent du mental. Prenons un exemple : la croyance « C'est trop beau pour être vrai ». C'est d'abord quelque chose que l'on a entendu dire, puis qu'on se met à penser soi-même. Au bout de quelque temps, on finit par considérer qu'elle est vraie et on commence à en voir la preuve dans le monde. Lorsqu'on prend cette pensée pour la vérité, elle devient une croyance enfouie dans notre mental subconscient. Cette croyance lance alors un programme automatique dans notre subconscient, et nous la projetons dans le monde pour continuer à prouver qu'elle se vérifie dans notre vie.

« Une pensée est inoffensive tant que nous n'y croyons pas. »
Byron Katie, Le Retournement

« Ce n'est pas tant ce que dit l'ego qui pose un problème, mais le fait de croire ce qu'il nous dit. »
Mooji

Chaque croyance génère d'autres pensées fondées sur cette croyance qui semblent surgir comme si elles avaient été enregistrées. Quand la croyance « C'est trop beau pour être vrai » est ancrée en nous, le mental subconscient produit des pensées comme « Quand je suis heureux, j'ai l'impression qu'un malheur va se produire », « Profites-en au maximum, ça ne va pas durer », « Quand les choses se passent bien, il y a forcément le revers de la médaille ensuite », « Je me sens mal parce qu'en général, il ne m'arrive jamais de bonnes choses », « Si quelque chose semble trop beau pour être vrai, dis-toi que c'est le cas ». Toutes ces pensées vous parlent, n'est-ce pas ? Cela prouve simplement que ce ne sont que des pensées qui jaillissent du mental, comme si elles étaient préenregistrées, et que vous n'êtes pas la seule personne à nourrir de telles pensées.

Mon maître m'a donné une image : « Imagine que tu répondes au téléphone et que tu tombes sur un message préenregistré disant : "Ceci est un message enregistré. Veuillez procéder au transfert immédiat de tous vos avoirs sur ce compte bancaire si vous ne voulez pas les perdre". Le ferais-tu ? Accorderais-tu un quelconque crédit à ce message préenregistré ?

Non, bien sûr que non ! Mais dans ce cas, pourquoi crois-tu les messages enregistrés dans ton mental ? »

Vos croyances créent votre expérience

« Nous projetons nos pensées et nos croyances et celles-ci nous reviennent sous forme d'expériences. »
David Bingham

Puisque vous allez faire l'expérience de tout ce que vous croyez, le contenu de vos croyances est capital. Elles exercent une force que l'on pourrait qualifier d'atomique, parce qu'elles se projettent dans votre vie et finissent par se concrétiser. Le fait qu'elles soient fausses ne compte pas. Ainsi, toute croyance que vous aurez semée dans votre subconscient portera ses fruits.

Par exemple, si vous avez la conviction que la seule façon d'avoir plus d'argent est de travailler plus et plus longtemps, ne vous étonnez pas de ne pas le voir arriver de toutes parts comme par magie. Votre croyance vous empêche d'avoir de l'argent provenant d'autres sources. Voilà le type de limitations que nous nous imposons avec nos croyances. Chaque fois que vous aurez une croyance au sujet d'une personne, des circonstances ou d'une situation, vous serez amené à en faire l'expérience. Les pensées n'ont aucun pouvoir en soi sans l'énergie de la croyance que vous entretenez à son sujet.

« Il n'y a qu'une seule cause à votre malheur : les fausses croyances qui habitent votre tête, croyances si répandues et si communes qu'il ne vous vient jamais à l'esprit de les remettre en question. »
Anthony de Mello S.J., Appel à l'amour

« Ce qui nous rend malheureux, ce sont les croyances erronées que nous avons au sujet de ce qu'est vraiment la Vie. »
Peter Dziuban, Simply Notice

Nous pouvons être très attachés à nos croyances, même lorsqu'elles sont source de stress et de souffrance et qu'elles nous enferment dans le malheur. Elles ont le pouvoir de nous maintenir dans la pauvreté, de nous rendre malades, de générer de la peur et de mettre à mal ou de détruire nos relations. Il n'y a rien à aimer dans nos croyances, rien à garder.

Tout ce qui apparaît dans votre vie est le fruit de votre système de croyances.

« En changeant les croyances auxquelles nous sommes attachés, nous pouvons modifier nos expériences. »
David Bingham

« Tant d'idées et de croyances sur nous-mêmes et le monde sont enracinées si profondément que nous ne réalisons pas que ce sont des croyances ; nous les prenons pour la vérité absolue, sans aucune remise en question. »
Rupert Spira, La Transparence des choses

Voici ce qu'en dit le Dr. David R. Hawkins :

« Nous avons tout intérêt à examiner nos principales croyances et à les remettre en cause. Par exemple :

1. Pour obtenir quelque chose, il faut travailler dur, il faut se battre, faire des sacrifices et beaucoup d'efforts.

2. La souffrance nous est utile et bénéfique.

3. On n'a rien sans rien.

4. Les choses très simples ne valent pas grand-chose. »
Dr. David R. Hawkins, Letting Go

Les grands sages nous invitent à tout remettre en question afin de découvrir les pensées qui recouvrent d'un voile la vérité de ce que nous sommes et de ce qu'est le monde.

« Rien de ce que vous croyez n'est vrai. Une fois que vous savez cela, vous êtes libre. »
Byron Katie

Nous avons accumulé des croyances dans notre subconscient depuis notre tendre enfance et nous avons intégré une partie de ce que les adultes nous ont dit. Des croyances se forgent en nous quand nous acceptons une pensée en présumant qu'elle est vraie, que ce soit parce que c'est quelque chose que nous avons lu dans un livre ou entendu à la télévision, ou parce que cette pensée nous a été suggérée et que nous l'avons acceptée. En tout état de cause, toutes nos croyances proviennent de notre entourage : nos parents, notre famille, nos amis, nos enseignants ou la société. Dès l'instant où nous croyons ce que l'on nous dit, cette croyance vient se loger dans le subconscient et se fait entendre tout au long de notre existence !

Par exemple, lorsqu'une personne est convaincue qu'elle a « du mal à perdre du poids et à ne pas en reprendre », elle en reprendra à cause de cette croyance, quoi qu'elle fasse.

Au fil du temps, les croyances sont de plus en plus enracinées dans le subconscient. Nous y ajoutons de nouvelles pensées, comme, par exemple, « Si je n'arrive pas à perdre du poids, ça doit être à cause de mon métabolisme », « J'ai essayé toutes sortes de régimes, mais je reprends toujours du poids », « Il m'a fallu des années pour perdre du poids et, en un rien de temps, j'ai tout repris », « Dans ma famille, on est tous en surpoids ».

« Le mental subconscient nous raconte des histoires et fait de nous des victimes de l'habitude. »
Lester Levenson et Hale Dwoskin, Happiness Is Free, *volumes 1–5*

L'excellente nouvelle, c'est que les croyances sont faites de pensées qui n'ont aucune solidité, de sorte que l'on peut s'en défaire assez facilement dès lors qu'on en prend conscience. Les croyances enfouies dans le mental subconscient se manifestent automatiquement dans votre vie, mais dès l'instant où vous en prenez conscience, elles s'effondrent. C'est comme lorsque vous libérez des émotions négatives : quand toutes les croyances enfouies dans le subconscient deviennent conscientes, vous demeurez continuellement en tant que Conscience. Et quand vous éradiquez une croyance, vous éradiquez d'autres croyances en même temps. J'ai adopté pour ma part une approche qui consiste à libérer à la fois les croyances et les émotions négatives chaque fois qu'elles apparaissent.

Après avoir mis en lumière les croyances qui vous limitent, vous ressentez très vite un bonheur durable et une liberté totale. Vous constatez au fil du temps que votre existence quotidienne s'améliore considérablement sur tous les plans, parce qu'elle n'est plus limitée par des croyances. Chaque fois que vous vous dites « Je ne peux pas être, faire ou avoir telle ou telle chose », c'est à cause d'une croyance limitée. Imaginez ce que serait votre vie sans aucune limitation !

Se défaire des croyances

C'est avec la Conscience que l'on peut faire disparaître les croyances, en devenant pleinement conscient d'elles. À l'instant même où vous êtes *conscient* d'une croyance erronée, elle s'effondre en grande partie. Si vous continuez à examiner cette croyance avec votre intellect, en vous souvenant que ce n'est qu'une croyance, qui plus est erronée, ce qu'il en reste finira par se dissoudre totalement. Tel est le pouvoir infini de la Conscience.

Déceler vos croyances n'est pas toujours facile, pour la simple raison que vous croyez qu'elles sont vraies et non des croyances ! Mais à partir du moment où vous en prenez conscience, elles commencent à s'étioler et ce qu'il en reste finira par voler en éclats si vous continuez à en être conscient.

Il se peut même qu'un jour vous ne vous souveniez plus de vos anciennes croyances. Comme les souvenirs, elles sont constituées de pensées qui sont stockées dans votre mental subconscient, de sorte que lorsqu'une croyance est éliminée, toutes les pensées qui y étaient associées ont aussi disparu, y compris celles à l'origine du souvenir de cette croyance.

« Abandonnez toutes vos croyances. Vous devrez le faire tôt ou tard. Vous n'emporterez pas vos systèmes de croyances dans votre tombe, alors pourquoi ne pas les abandonner dès maintenant ? Faites-le instant après instant. Découvrez la joie de vivre sans être attaché à un système de croyances. L'attachement à des croyances telles que "Il faut faire des efforts pour être heureux" ou "Pour être heureux, il faut souffrir" est très profond. »
Francis Lucille, The Perfume of Silence

Chaque fois que vous éliminez une croyance en en prenant conscience, vous atteignez des sommets de liberté, d'abondance, de légèreté et de joie inimaginables. Défaites-vous de vos croyances, les unes après les autres, et libérez-vous ! La Conscience n'a aucune croyance, parce qu'elle *sait* tout.

« Les systèmes de croyances ne sont rien et c'est assez facile de les abandonner. Ce ne sont que des tigres de papier ! Mieux vaut s'en défaire maintenant, et vous serez heureux pour le reste de vos jours. »
Francis Lucille, The Perfume of Silence

Vous pouvez donner à votre mental subconscient l'instruction d'être attentif à vos croyances, afin de vous aider à en être plus conscient. Donnez à votre mental subconscient des instructions comme « Montre-moi clairement mes croyances l'une après l'autre, afin que je puisse être conscient de chacune d'elles ». Puis, soyez attentif et remarquez-les quand elles apparaissent.

Soyez particulièrement vigilant quand vous vous entendez dire « Je crois » ou « Je ne crois pas », car ce qui suivra sera nécessairement une croyance. De même, soyez très attentif quand vous vous entendez dire « Je pense » ou « Je ne pense pas », car, la plupart du temps, ce qui suivra sera aussi une croyance.

Lorsque vous comprenez qu'une croyance n'est qu'une histoire que vous raconte votre mental et à laquelle vous avez cru, elle se désintègre d'elle-même ainsi que les milliers de pensées qui y sont associées, enfouies avec elle dans le mental subconscient. Chaque croyance attire aussi de nouvelles pensées pour venir la confirmer, et ces pensées ne cesseront de s'accumuler tant que cette croyance n'aura pas été mise au jour.

Nous pouvons conserver une croyance pendant des années, des décennies, voire toute une vie. C'est la raison pour laquelle, sachant que des milliers de pensées sont associées à une seule croyance, nous avons souvent le sentiment de porter un lourd fardeau. Nous ne comprenons pas que ce sont nos croyances qui nous font voir notre vie ainsi, qui nous disent que nous sommes plus vieux et nous empêchent de vivre une vie merveilleuse. Imaginez juste, par exemple, combien de pensées vous avez eues en lien avec la croyance d'être une personne séparée. Imaginez maintenant l'énorme sentiment de soulagement, de légèreté et d'espace que vous pourriez ressentir si une telle croyance était dissoute. Quand vous en ferez l'expérience, il ne fait aucun doute que c'est ce que vous ressentirez !

« Sois comme l'arbre qui laisse tomber les feuilles mortes. »
Rûmî

Les réactions sont des croyances déguisées

« Les réactions sont des croyances inconscientes. »
Peter Dziuban, Simply Notice, *livre audio*

Une autre méthode pour déceler vos croyances consiste à être conscient de vos réactions. Quand nous réagissons à quelque chose, c'est parce qu'une croyance enfouie au plus profond de nous-mêmes provoque cette réaction. Les réactions sont des croyances déguisées. Par exemple, nous recevons notre facture d'électricité et le montant à régler est beaucoup plus important que prévu. Nous réagissons négativement. La croyance qui a causé cette réaction est de croire que nous n'avons pas assez d'argent. Or, comme toutes les croyances, ce n'est vrai dans notre vie que *parce que* nous y croyons.

La seule chose à faire quand vous remarquez que vous êtes en train de réagir, c'est d'être conscient de cette réaction. Quand vous êtes conscient de votre réaction, vous ne lui donnez plus aucun pouvoir, parce que la Conscience est le pouvoir qui dissout la moindre trace de négativité et de dysharmonie.

« Quand vous réagissez, vous vous identifiez, vous prenez les choses personnellement. Remarquez simplement la réaction. »
Mon maître

Rappelez-vous que c'est le mental qui réagit aux choses, et non pas vous. C'est le mental qui s'identifie aux choses et les prend personnellement, parce qu'il voit les choses sous l'angle d'une personne. Quand vous devenez conscient de vos réactions – simplement en les remarquant au moment où elles apparaissent –, non seulement vous ne laissez plus votre mental régir votre vie, mais vous mettez aussi en lumière la croyance qui sous-tend cette réaction, et cette croyance s'évapore dès qu'elle est exposée au grand jour.

« S'il y a un comportement, une tendance ou une habitude dont vous souhaitez vous libérer, remarquez que vous en avez déjà une conscience naturelle. Quand vous voyez vraiment les choses, en les observant avec détachement, vous n'êtes plus sous leur emprise et vous n'avez plus besoin de vous identifier à elles. C'est très important. »
Mooji

La Conscience dissout tout ce qui n'est pas vrai. À chaque fois qu'une croyance est dissoute, vous le sentez dans votre corps : vous vous sentez plus léger. Vous sentez aussi une différence sur le plan psychique et vous êtes plus heureux. Vous voyez la différence dans votre vie qui se déroule de manière harmonieuse et miraculeuse. Quels que soient vos besoins ou vos désirs, ils sont satisfaits ou exaucés.

J'aimerais vous parler d'un autre aspect de l'histoire incroyable qu'a vécue Lester Levenson. Comme je l'ai indiqué précédemment, Lester s'est éveillé en l'espace de trois mois et a pu guérir de nombreux problèmes de santé. Avant cela, il avait développé de graves problèmes cardiaques alors qu'il n'avait que quarante ans. Son médecin lui avait annoncé qu'il pouvait mourir à tout moment et qu'il n'y avait rien à faire. Une fois de retour chez lui, Lester a passé plusieurs jours à être terrifié à l'idée de mourir. Puis il a décidé que si c'était ainsi, autant réfléchir à sa vie et comprendre pourquoi il avait été si rarement heureux. Lester a alors commencé à extraire de son corps chaque croyance et chaque émotion négative réprimée, ce qui lui a pris trois mois. À partir du moment où il n'y a plus eu aucune négativité dans son corps, ses problèmes cardiaques se sont arrangés d'eux-mêmes et Lester a vécu encore quarante ans en parfaite santé et dans la joie. Plus important encore, après s'être lesté de toutes ses croyances et de ses émotions réprimées, Lester a découvert ce qu'il était réellement.

Et maintenant, vous savez comment il s'y est pris.

CHAPITRE 9 *Résumé*

- *Une croyance n'est qu'une pensée que l'on ressasse jusqu'au moment où elle devient une croyance. Toutes les croyances sont limitées, car elles proviennent du mental.*

- *Une croyance est enfouie dans notre mental subconscient d'où elle lance un programme automatique.*

- *Les croyances se projettent dans votre vie et finissent par se concrétiser.*

- *Tout ce qui apparaît dans votre vie est le fruit de votre système de croyances.*

- *Soyez très attentif quand vous vous entendez dire « Je crois » ou « Je ne crois pas » car ce qui suivra sera une croyance.*

- *Soyez très attentif quand vous vous entendez dire « Je pense » ou « Je ne pense pas », car, la plupart du temps, ce qui suivra sera aussi une croyance.*

- *Remettez tout en question. En agissant ainsi, nous découvrons les pensées qui recouvrent d'un voile la vérité.*

- *Les croyances qui sont enfouies dans le mental subconscient se manifestent automatiquement dans votre vie, mais dès l'instant où vous en prenez conscience, elles s'effondrent.*

- *Chaque fois que vous prenez conscience d'une croyance – ce qui la mettra en pièces –, vous accédez à la liberté, à l'abondance, à la légèreté et à la joie.*

- *Vous pouvez donner à votre mental subconscient l'instruction d'être attentif à vos croyances : « Montre-moi clairement mes croyances l'une après l'autre, afin que je puisse être conscient de chacune d'elles. »*

- *Lorsqu'une croyance est éliminée, elle emporte les milliers de pensées qui y sont associées, enfouies avec elle dans le mental subconscient.*

- *Nous ne comprenons pas que ce sont nos croyances qui nous font voir notre vie comme un fardeau, qui nous disent que nous sommes plus vieux et nous empêchent de vivre une vie merveilleuse.*

- *Pour déceler vos croyances, soyez attentif à vos réactions. Les réactions sont des croyances déguisées.*

- *La seule chose à faire quand vous remarquez que vous êtes en train de réagir, c'est d'être conscient de cette réaction. En agissant ainsi, vous ne lui donnez plus aucun pouvoir.*

Chapitre 10

Un bonheur éternel

« Je vis dans le moment présent éternellement heureux. Il ne s'agit pas du bonheur mondain dont on se lasse au point d'accueillir la moindre difficulté juste pour qu'il y ait un changement. La joie qui m'habite est mille millions de fois plus enivrante : elle ne cesse de changer, elle est toujours nouvelle. Dans cette conscience, vous sentez rayonner en vous tout le bonheur du monde. »
Paramahansa Yogananda

Vous *êtes* le bonheur. C'est votre véritable nature ! Le bonheur n'apparaît pas quand on a obtenu quelque chose que l'on souhaitait, quand on a le sentiment d'aller mieux, quand on a surmonté des difficultés ou atteint un but qu'on s'était fixé. Le bonheur – une source de bonheur intarissable – est là, ici et maintenant, à l'intérieur de vous !

« Il faut réaliser le Soi pour ouvrir la porte du bonheur parfait. »
Ramana Maharshi, Be as You Are

« N'espérez pas trouver la paix parfaite et un bonheur sans nuages dans la vie terrestre. Ceci devrait être votre nouvelle attitude : quelles que soient vos expériences, prenez-y plaisir en les objectivant, comme vous le feriez pour un film. Vous devez trouver le bonheur et la paix véritables en vous. »
Paramahansa Yogananda, La Quête éternelle de l'homme

« Le bonheur est un état naturel. Le bonheur est l'état naturel des petits enfants, à qui le royaume appartient jusqu'à ce qu'ils soient contaminés et souillés par la stupidité de la société et de la culture. Il n'y a rien à faire pour acquérir ce bonheur, car il ne peut être acquis. Quelqu'un peut-il me dire pourquoi ? Parce que nous le possédons déjà. Comment pourrions-nous accueillir ce que nous possédons déjà ? Et puisque nous le possédons, pourquoi ne pas l'utiliser ? Parce que pour l'utiliser, nous devons laisser tomber quelque chose, nous devons laisser tomber nos illusions. Il n'est pas nécessaire d'ajouter quoi que ce soit à nos vies pour être heureux, il suffit de laisser tomber quelque chose. La vie est facile, la vie est délicieuse. Elle n'est dure que pour vos illusions. »
Anthony de Mello S.J., Quand la conscience s'éveille

Je vis aujourd'hui dans un état de bonheur qui ne me quitte jamais, parce que j'accueille mes émotions négatives tout en demeurant en tant que Conscience. Il m'est aussi arrivé plusieurs fois d'éprouver un sentiment de bonheur indescriptible, au-delà de tout ce que j'avais pu ressentir jusque-là. Il n'y a alors plus aucune négativité. Tous les souvenirs douloureux de ma vie disparaissent, comme s'ils n'avaient jamais vraiment existé. Je sais reconnaître instantanément ce sentiment comme étant le bonheur de notre véritable nature. Il ne peut être comparé à celui que l'on ressent quand on a obtenu quelque chose que l'on désirait. C'est un niveau de bonheur qui se situe bien au-delà de tout ce que j'avais pu ressentir dans ma vie.

Je forme le vœu, en vous faisant part de mon expérience, que vous puissiez vous ouvrir vous aussi à la possibilité de vivre ainsi. À partir du moment où vous aurez ressenti votre état de bonheur naturel, vous ne voudrez plus vivre autrement.

« J'ai trouvé une joie en moi qui n'a jamais disparu, pas même un instant. Cette joie est en tout le monde, pour toujours. »
Byron Katie, Les Mille Visages du bonheur

Ce bonheur est semblable à ce que l'on ressent quand on tombe amoureux, ou aux sentiments d'une mère qui regarde son nouveau-né. Vous connaissez ce sentiment extraordinaire de nager dans le bonheur, ce sentiment d'être sur un petit nuage quand on est amoureux ? Vous voudriez que cela ne s'arrête jamais. Si nous éprouvons un tel bonheur quand nous sommes amoureux, c'est parce que nous nous « perdons » dans l'autre. Et quand nous ne sommes plus dans le mental ou l'ego, la Conscience est présente instantanément au premier plan, resplendissante de joie et de félicité.

« Tous les êtres cherchent exactement la même chose dans tout ce qu'ils font. Le monde appelle cela le bonheur ultime. Nous l'appelons le "je" que je suis. Partez à la découverte de vous-même et vous découvrirez le plus grand bonheur et le plus grand contentement. »
Lester Levenson

« Pour le dire simplement, le bonheur, c'est vous quand vous êtes le Soi. Pas le soi limité que vous croyez être la plupart du temps, mais le Soi illimité que vous êtes et que vous avez toujours été. C'est le Soi qui est toujours présent sans effort avant, pendant et après tout ce qui apparaît dans votre vie. Vous êtes l'arrière-plan rayonnant qui ne change jamais et permet à tout le reste d'exister. »
Hale Dwoskin, Happiness Is Free, *volumes 1–5*

« Pour trouver la Vérité ou le Bonheur, vous devez revenir en vous-même, vous devez voir l'Un, vous devez voir l'Univers tel qu'il est vraiment, votre seule conscience qui n'est rien d'autre que votre Soi. C'est très difficile à décrire. À vrai dire, c'est quelque chose qu'il faut expérimenter pour le connaître. On ne peut pas le comprendre juste en entendant quelqu'un en parler. Les livres et les enseignants ne font que montrer la direction. C'est à vous de comprendre par vous-même. C'est ce qu'il y a de beau dans le

chemin : il n'y a rien à croire, tout doit être expérimenté et éprouvé avant d'être accepté. »
Lester Levenson et Hale Dwoskin, Happiness Is Free, *volumes 1–5*

La Conscience, c'est le bonheur

Vous n'êtes pas quelqu'un qui est heureux ; vous êtes le bonheur lui-même. Votre véritable nature, la Conscience, *est* le bonheur. C'est le seul qui existe. Le bonheur que vous avez ressenti à différents moments de votre vie *est* celui de la Conscience ! Lors de ces instants où vous vous êtes senti heureux, vous avez eu un aperçu de la splendeur que vous êtes.

« Comprenez qu'un moment de bonheur provient de la grâce, et qu'il nous apprend que le bonheur n'est pas dans un objet. Nous devons savoir que nous sommes ce bonheur en cet instant même. L'objet ne compte vraiment pas. Celui-ci fait partie d'un rêve, quand le bonheur, lui, est réel. »
Francis Lucille, The Perfume of Silence

Quand vous êtes heureux, les choses se passent comme vous le souhaitez. Il n'y a rien de mieux dans l'existence que de se sentir heureux. Quand vous êtes heureux, les problèmes tendent à se résoudre d'eux-mêmes et tout se met en place aisément, sans avoir le moindre effort à fournir. Quand vous êtes heureux, c'est comme si l'Univers entier conspirait pour vous présenter tout ce dont vous avez besoin au moment même où vous en avez besoin. Plus vous êtes heureux, plus votre vie se déroule de manière harmonieuse sans que vous ayez besoin de faire des efforts. Plus vous êtes malheureux, plus vous devez en faire pour tout ce que vous entreprenez.

« Plus vous êtes motivé par l'ego, plus il est difficile d'accomplir quoi que ce soit ; et moins il y a d'harmonie, plus vous êtes malheureux. »
Lester Levenson et Hale Dwoskin, Happiness Is Free, *volumes 1–5*

Il n'y a pas de bonheur dans le monde

« Certains recherchent le Bonheur là où il se trouve et sont de plus en plus heureux. D'autres le recherchent aveuglément dans le monde où il n'est pas et se sentent de plus en plus frustrés. »
Lester Levenson et Hale Dwoskin, Happiness Is Free, *volumes 1–5*

Quand nous recherchons le bonheur dans le monde, il est éphémère. Quel que soit le nombre de choses que nous pourrons acquérir ou d'expériences que nous pourrons accumuler, le bonheur qu'elles nous procurent ne dure pas. Alors nous nous mettons en quête du bonheur en obtenant de nouveaux biens matériels et en multipliant les expériences. Le bonheur durable, que l'on pensait trouver dans le monde, ne s'y trouve tout simplement pas.

« Ce n'est qu'en vous tournant vers vous-même que vous découvrirez que le bonheur se trouve ici. Le seul endroit où vous pouvez le ressentir est juste là, à l'intérieur de vous-même. À cet endroit précis. Chaque fois que nous attribuons ce bonheur à un phénomène extérieur, une personne ou une chose, nous en retirons plus de souffrance que de plaisir. »
Lester Levenson et Hale Dwoskin, Happiness Is Free, *volumes 1–5*

« Nous n'avons nul besoin d'attendre que les circonstances soient favorables pour être heureux. »
Rupert Spira

Tous les êtres qui ont vécu avant nous et tous ceux qui vivent maintenant poursuivent le même objectif : être heureux. Tout ce que nous faisons, tout ce que nous ne faisons pas, tout ce que nous cherchons à atteindre, tout ce que nous mettons en place et planifions, tout ce dont nous rêvons, c'est parce que nous pensons que nous serons plus heureux en l'ayant ou en ne l'ayant pas. Notre quête du bonheur est le seul facteur qui motive chacune de nos décisions (on estime qu'une personne prend trente-cinq mille décisions par jour !). Or tous nos plans, nos projets, nos actes, nos décisions, notre sueur et nos larmes ne nous rapprochent aucunement du bonheur que nous recherchons en vain dans le monde. Pendant tout ce temps, il est à l'intérieur de nous.

« Comment faire ? Eh bien, en ne cherchant pas le bonheur dans le monde, mais en regardant là où il se trouve, c'est-à-dire en nous-mêmes, dans notre conscience. »
Lester Levenson et Hale Dwoskin, Happiness Is Free, *volumes 1–5*

Je serai heureux le jour où...

Croire que notre bonheur vient de l'extérieur peut nous conduire à mettre notre bonheur entre parenthèses en attendant que les conditions soient réunies. Ne vous êtes-vous jamais dit : « Je serai heureux quand… » en terminant votre phrase avec un événement à venir ? « Je serai heureux quand j'aurai réussi mes examens et obtenu mon diplôme », « Je serai heureux quand j'aurai une nouvelle voiture », « Je serai heureux quand je serai en couple », « Je serai heureux quand je serai marié », « Je serai heureux quand j'aurai de l'argent », « Je serai heureux quand j'aurai réussi », « Je serai heureux quand je serai en vacances », « Je serai heureux quand j'aurai perdu du poids », « Je serai heureux quand j'aurai créé mon entreprise et qu'elle marchera bien », « Je serai heureux quand je n'aurai plus de problèmes de santé et que je commencerai à aller mieux ». La liste est longue.

Nous mettons notre bonheur entre parenthèses quand nous croyons qu'il vient d'un objet extérieur. Nous attendons qu'une chose ou une personne nous rende heureux, alors qu'il est impossible de connaître un bonheur durable à partir d'un objet extérieur. Cela n'arrivera jamais, quel que soit le temps que vous passerez à l'attendre.

Si vous avez vécu assez longtemps, accompli suffisamment de choses et vécu de merveilleuses expériences dans votre vie, vous avez sans doute déjà compris que le bonheur ne se trouve pas dans le monde. En particulier si vous avez déjà réalisé votre rêve le plus cher, vous avez certainement découvert cette vérité. Nous sommes convaincus que le jour où notre plus grand rêve se réalisera – réussir, devenir riche, trouver le partenaire parfait ou avoir des enfants –, nous serons enfin vraiment heureux.

Cependant, quand un grand rêve se réalise, même si c'est merveilleux ou excitant, nous réalisons que le bonheur durable que nous pensions connaître est aussi éphémère que tout le reste. Cette déception nous fait prendre conscience qu'il ne vient pas du monde extérieur. Cela peut nous sembler assez déprimant si nous en tirons la conclusion que le bonheur durable n'existe pas et que nous ne le connaîtrons jamais.

Le bonheur durable n'a pourtant rien d'imaginaire. C'est la vérité de ce que vous êtes, votre nature profonde. Après toute cette quête vouée à l'échec, vous finissez un jour par découvrir que le bonheur que vous cherchez se trouve en vous-même, en cet instant même. Quand cette vérité vous apparaît, le bonheur durable est à votre portée, car vous ne le cherchez plus en vain dans une personne ou dans le monde.

« Quand vous en prenez conscience, la voie devient très directe. Vous n'espérez plus tomber sur un arc-en-ciel. Vous recherchez le bonheur là où vous savez qu'il se trouve : à l'intérieur de vous-même. »
Lester Levenson et Hale Dwoskin, Happiness Is Free, *volumes 1–5*

Figurez-vous un peu ! Depuis des milliers d'années, des milliards de personnes ont cherché et continuent à chercher désespérément le bonheur chaque jour de leur vie. Elles le cherchent comme si on pouvait le trouver dans différents lieux du monde extérieur. Alors que, depuis le début, il n'y a qu'un seul endroit où le trouver : dans notre propre nature, la Conscience. Ça a l'air d'une plaisanterie cosmique ! C'est peut-être d'ailleurs la raison pour laquelle le Bouddha a tellement ri sous l'arbre de la *Bodhi* : il venait de passer seize ans à chercher la vérité dans le monde, quand il a réalisé qu'elle se trouvait en lui-même. Si vous y réfléchissez bien, l'histoire nous montre que rares sont les personnes qui ont cherché le bonheur au plus profond d'elles-mêmes.

Nous avons pourtant reçu de nombreux signaux dans notre vie, le plus souvent après avoir vécu une mauvaise expérience, nous rappelant que le bonheur ne se trouve pas dans le monde. Ainsi, chaque fois que le bonheur arrive dans votre vie et qu'il en repart, c'est une invitation à ne plus le chercher dans le monde, mais en vous-même.

Nous pouvons maintenant poursuivre le bonheur durable là où il est, et non pas là où il n'est pas. Vous pouvez cesser de le rechercher dans votre partenaire ou vos enfants ; de même que dans votre travail, une nouvelle maison, des vêtements, des vacances ou une voiture. Rien de tout cela ne vous apportera un bonheur permanent, parce que tout cela ne cesse de changer. Sans parler de votre personnalité qui change continuellement : ce que vous aimez aujourd'hui, vous ne l'aimez plus le lendemain. Votre bonheur est dans ce que vous êtes réellement et ne change jamais, la Conscience. Personne ne peut vous le donner.

Cela ne doit pas nous empêcher de profiter pleinement de toutes les choses merveilleuses que nous voulons être, faire ou avoir dans le monde, mais nous devons le faire en étant pleinement conscients que le seul endroit où nous pourrons trouver un bonheur réel et permanent, c'est en nous-mêmes.

« Le bonheur n'est pas quelque chose que l'on peut acquérir. Le bonheur est notre véritable nature. La félicité n'est pas quelque chose que l'on peut obtenir. La seule chose à faire est de retirer ce qui nous rend malheureux. »
Ramana Maharshi

Vos pensées déterminent ce que vous ressentez, de sorte que si vous n'êtes pas heureux, c'est parce que vous pensez à quelque chose que vous ne voulez pas. Comme votre mental ne fonctionne que dans le passé ou le futur, il n'y a que deux possibilités : soit vous pensez à quelque chose qui s'est produit dans le passé et vous rend malheureux, soit vous pensez à quelque chose qui pourrait se produire à l'avenir et vous rend malheureux.

« Les pensées réduisent la faculté d'être heureux. »
Lester Levenson et Hale Dwoskin, Happiness Is Free, *volumes 1–5*

Le seul obstacle qui se dresse entre vous, le bonheur durable et ce que vous êtes réellement est une pensée. Que ce soit une pensée de tristesse, de peur, de colère ou de frustration, en définitive elle revient toujours à dire « Je n'en veux pas » en réaction à quelque chose qui s'est passé. Et comme vous la croyez, le sentiment d'être malheureux vous tombe dessus comme une couverture recouvrant le bonheur que vous êtes pourtant.

« Une pensée apparaît, puis un sentiment, puis une émotion (comme des larmes). Cela se passe toujours ainsi. Les gens ressentent d'abord l'émotion sans réaliser qu'une pensée subtile a d'abord créé le sentiment, puis l'émotion. »
Bob Adamson, « le marin »

« Si vous vous sentez malheureux, c'est uniquement parce que vous vous identifiez à une pensée triste. »
Mon maître

« La vie est simple. Tout arrive *pour* vous et non pas *à* vous. Tout se produit exactement au bon moment, ni trop tôt ni trop tard. Vous n'êtes pas obligé d'aimer cela, mais c'est plus simple si c'est le cas. »
Byron Katie, Les Mille Visages du bonheur

Heureusement, vous commencez à percevoir toutes les complications qui surviennent dans votre vie quand vous croyez votre mental et son cortège de pensées négatives. Chaque fois que j'ai pu aider quelqu'un confronté à un problème ou à des difficultés, la raison de sa souffrance était toujours la même : il croyait les pensées négatives qui apparaissaient dans son mental. Et chaque fois que j'ai rencontré des difficultés dans ma vie, c'était pour cette même raison. C'est pourquoi je vous invite, quand vous vous sentez blessé ou que vous souffrez, à y voir une sorte de signal d'alarme vous avertissant qu'en cet instant même, vous croyez des pensées erronées. Lorsque vous cessez de croire les histoires que votre mental vous raconte, vous commencez à remarquer sa tendance à s'opposer pratiquement à tout, vous éloignant ainsi de votre bonheur inné.

« Quel est le problème maintenant, si vous n'y pensez pas ? »
Bob Adamson, « le marin », A Sprinkling of Jewels

« La paix que vous recherchez est déjà présente. Si cette paix semble obscurcie, c'est parce que votre attention est distraite par les pensées. »
Kalyani Lawry

Étant donné le bavardage du mental, ses commentaires continus, sa nature contradictoire et ce qu'il nous fait endurer, il est surprenant que nous soyons si nombreux à croire ce qu'il nous raconte comme s'il avait autorité sur nous. Vous n'avez pas besoin d'arrêter ou d'apaiser votre mental, vous devez simplement arrêter de le croire. Quand vous cessez de croire votre mental, il se calme automatiquement et le bonheur s'élève en vous comme une vague de félicité.

Résister au bonheur

Aussi incroyable que cela puisse paraître, nous sommes nombreux à résister au bonheur. Nous ne sommes pas conscients que cette résistance résulte d'une croyance refoulée. Cette croyance peut avoir pris corps en nous quand on nous disait de réprimer notre enthousiasme naturel animé par un esprit libre. Ne vous a-t-on jamais dit : « Tu es trop petit pour ça », « Commence par grandir », « Arrête de faire ton cirque » ou « Calme-toi et tais-toi » ? Si c'est le genre de phrases que vous avez entendues dans votre enfance, vous en avez peut-être conclu que pour être approuvé, vous deviez être calme et vous taire, car lorsque vous couriez dans tous les sens, débordant de joie et d'excitation, on vous reprochait d'être trop bruyant. Avec le temps, petit à petit, nous prenons l'habitude de mettre en sourdine notre joie naturelle et de la restreindre. Le simple fait de prendre conscience de notre résistance au bonheur vient briser cette croyance et lui retire une grande partie du pouvoir qu'elle exerçait sur nous.

« Notre état naturel est le bonheur. Par conséquent, si nous ne sommes pas heureux, c'est parce que nous résistons au bonheur. »
Mon maître

« Si vous ne passiez pas tellement de temps à vous rendre malheureux, vous seriez heureux ! »
Anthony de Mello S.J., Redécouvrir la vie

Il n'y a rien à faire pour être heureux. Il faut juste cesser de faire ce qui nous rend malheureux !

« Il n'est pas difficile d'être heureux. Ce qui est difficile, c'est d'être malheureux. Quand vous dites que c'est difficile d'être heureux, cela sous-entend que le bonheur demande des efforts et une vigilance constante et qu'il faut se battre pour l'obtenir. Croire que pour être heureux, il faut faire des efforts et lutter ne fait que perpétuer le sentiment d'être malheureux. »
Francis Lucille, The Perfume of Silence

« Ressentez-vous le bonheur illimité qui sous-tend ce que vous êtes ? »
Mon maître

Si notre état naturel est le bonheur, pensez à toute l'énergie que cela vous demande d'être malheureux !

Où que ce soit dans le monde, la résistance est la seule chose qui empêche les gens d'être heureux. Au lieu de laisser les choses être telles qu'elles sont, nous résistons à ce qui se passe ou à ce qui s'est passé en répétant en boucle la même pensée « Je n'en veux pas… » Je vous laisse compléter la phrase avec la liste sans fin de ce que vous ne souhaitez pas.

« Rien d'extérieur n'a le pouvoir de nous perturber. Nous souffrons uniquement lorsque nous voulons que les choses soient différentes de ce qu'elles sont. »
Épictète, cité par Byron Katie dans Aimer ce qui est

« Le bonheur, c'est simplement laisser chaque chose être exactement ce qu'elle est, instant après instant. »
Rupert Spira

Si vous cessez de résister à ce qui se passe dans votre vie et dans le monde, vous connaîtrez la félicité. L'éveil n'est qu'un autre mot pour désigner cette félicité. Vous êtes déjà éveillé. L'éveil n'est pas réservé à un petit nombre d'élus ; c'est ce que vous êtes et que tout le monde est !

L'attachement

« Si vous regardez attentivement, vous verrez qu'il n'y a qu'une chose qui cause la tristesse. Cette chose s'appelle "attachement". »
Anthony de Mello S.J., Appel à l'amour

Il y a attachement quand on s'accroche à une chose de peur de la perdre, parce qu'on est convaincu qu'on ne pourra pas être heureux sans elle. Nous confondons souvent l'attachement et l'amour, mais l'attachement n'est pas l'amour. Dans l'amour, il n'y a aucune peur. Il permet à toutes les choses d'être libres, qu'elles arrivent ou qu'elles partent. L'attachement prétend être de l'amour, alors qu'il s'agrippe à une chose de peur de la perdre.

« Un sentiment aveugle ne s'appelle pas amour, mais attachement. L'attachement est un état de dépendance provenant d'une fausse conviction : celle qui consiste à croire que quelque chose ou quelqu'un est indispensable au bonheur d'un être. »
Anthony de Mello S.J., Appel à l'amour

Imaginez deux personnes travaillant dans la même entreprise. Toutes deux affirment qu'elles aiment leur travail et sont heureuses de s'y rendre chaque matin. Un jour, en arrivant au bureau, elles apprennent qu'une partie du personnel sera licenciée le jour même. Le corps de la personne « A » s'emplit aussitôt de peur lorsqu'elle apprend la nouvelle. « Qu'est-ce que je vais devenir si je suis licencié ? Et si je n'arrive pas à trouver un nouveau travail ? Je ne pourrai pas payer mes factures ni rembourser mon prêt à la banque. Je vais perdre ma maison. » Toutes ces pensées proviennent de son attachement à son travail. Vous pouvez reconnaître la peur à l'origine de toutes ces pensées.

La personne « B » voit la situation tout autrement. Elle sait qu'elle sera heureuse quoi qu'il arrive. Elle est convaincue que, dans la vie, les choses ne cessent de changer et que tout se passe au mieux, même si, sur le moment, cela ne semble pas être le cas. Elle sait pour en avoir fait l'expérience que lorsqu'il y a un imprévu, c'est forcément une bonne chose. Si pour une quelconque raison elle devait être licenciée, elle sait qu'elle trouvera un nouvel emploi et que ce sera encore mieux. C'est le non-attachement.

D'après vous, qui est la personne la plus heureuse ? Qui a la plus belle vie ?

« On ne sait pas ce qu'est le bonheur tant que les désirs-attachements n'ont pas été abandonnés. »
Anthony de Mello S.J., Redécouvrir la vie

« Ma vie est une succession d'événements, de même que la vôtre. La seule différence, c'est que je suis détaché et que je regarde défiler le spectacle comme un spectacle qui défile, alors que vous restez accroché aux choses et les emportez avec vous. »
Nisargadatta Maharaj, I Am That: Talks with Sri Nisargadatta Maharaj

Quand votre attachement porte sur une personne, il provient de votre croyance en un manque d'amour. Vous êtes convaincu que cette personne détient les clés de votre amour et de votre bonheur, et que, sans elle, votre amour et votre bonheur ne seront plus là. La croyance justifie l'attachement et vous fera souffrir, parce que tout change tout le temps et que « personne » n'est là pour toujours.

« Les gens ont besoin l'un de l'autre et pensent que c'est ça l'amour. Quand on aime, on ne s'accroche pas à l'autre, on ne l'enferme pas. »
Lester Levenson

Les attachements sont très profonds. Ils constituent bien souvent l'identité de la personne que nous pensons être, et nous sommes persuadés que leur abandon nous ferait perdre notre identité. Alors nous nous y agrippons, bien qu'ils nous empêchent d'être heureux et nous enferment dans le malheur.

Quand vous pensez être une personne limitée, vous vous attachez à ce que vous avez. Nos attachements peuvent concerner notre corps, notre mental, l'image que nous avons de nous-mêmes, notre partenaire, nos enfants, nos parents, notre famille, nos amis, nos animaux de compagnie, notre carrière, nos réalisations personnelles, notre réputation, nos compétences, nos loisirs, notre religion, notre réussite ou des objets matériels tels que notre voiture ou notre maison. Nous pouvons aussi être attachés à nos opinions, à nos croyances et à nos points de vue. Vous avez certainement déjà vu des personnes défendre avec véhémence leurs croyances en matière de politique, de religion ou dans tout autre domaine en raison de leur attachement profond à leurs opinions.

« Nous sommes tellement mariés à nos pensées que nous n'avons même pas l'idée d'en divorcer. Et tant que nous ne l'aurons pas fait, nous resterons attachés aveuglément à notre corps physique et, de manière générale, nous ne serons pas heureux. »
Lester Levenson et Hale Dwoskin, Happiness Is Free, *volumes 1–5*

Au fil des années, notre mental peut être très attaché à une multitude d'idées. Quelle ironie de savoir que ce sont les idées auxquelles on s'accroche qui font de nous des personnes limitées et nous privent de notre bonheur naturel !

L'histoire nous a montré que les gens peuvent être si attachés à leurs croyances qu'ils préfèrent mourir plutôt que d'y renoncer. Certains y sont si attachés que c'est la seule chose qui les fasse tenir, quand bien même cela ne les rend pas heureux.

« Les gens ne veulent pas vraiment être heureux. Pour être heureux, il leur faudrait changer leurs croyances et leurs idées, mais ils s'y accrochent en disant : "Pas question." Nous refusons d'être heureux tant que nos désirs ne seront pas accomplis. »
Anthony de Mello S.J.

Si vous pouviez vous défaire de toutes vos opinions et idées les unes après les autres, vous seriez éveillé. En effet, à partir du moment où vous êtes libéré de tout jugement, vous laissez les choses être ce qu'elles sont. Vous n'en reviendriez pas de la joie et du bonheur que vous sentiriez rayonner dans tout votre être ! Et vous constateriez aussi que, tout naturellement, votre vie est de plus en plus merveilleuse dans tous les domaines.

Comme je l'ai écrit dans *Le Secret* pour l'édition du dixième anniversaire, moins vous avez d'opinions, moins vous parvenez à des conclusions, moins vous vous accrochez à des idées bien arrêtées, plus vous connaissez le bonheur et la joie.

Ce qui s'attache, ce n'est pas *vous*, mais votre mental ! Les attachements sont un régal pour le mental, car ils ne font que le renforcer et nous enfermement dans la croyance que nous sommes une personne séparée et limitée, et non la Conscience illimitée et rayonnante de bonheur que nous sommes réellement. Comme les attachements viennent du mental, vous avez peur chaque fois qu'une chose à laquelle le mental est attaché est menacée.

L'attachement le plus puissant qui naît dans votre mental est l'attachement à l'ego et à la personne séparée que nous pensons être. Alors même que la vérité – la Conscience que nous sommes – est merveilleuse, notre mental continue à s'accrocher à cette idée.

Une vie remplie d'attachements ne peut mener qu'à de grandes déceptions et à de la souffrance, parce que rien dans ce monde matériel ne dure, y compris notre corps. Mais si vous ne le savez pas, vous vous laissez leurrer par votre mental qui vous fait prendre les attachements pour de l'amour.

Anthony de Mello S.J. a très bien résumé en quoi consistent les attachements dans son interprétation des quatre nobles vérités exposées par le Bouddha :

« Le monde est empli de souffrance.
La racine de la souffrance est l'attachement.
Pour déraciner la souffrance, il faut déraciner, abandonner les attachements. »
Anthony de Mello S.J., Redécouvrir la vie

Vous pouvez désirer et avoir toutes les choses que vous voulez ; c'est uniquement quand vous vous y attachez que les problèmes commencent.

Conscience et attachement

Il n'y a pas d'efforts à fournir pour se défaire de ses attachements. Vous n'avez pas à vous démener pour essayer de changer ce que vous ressentez. La cause de votre attachement est votre identification au mental. C'est pourquoi la seule chose à faire si vous voulez vous libérer des attachements est de demeurer en tant que Conscience aussi souvent que possible, et vous verrez tous vos attachements tomber les uns après les autres ! Je ne sais même pas par où commencer pour vous décrire à quel point la vie est merveilleuse quand on n'est plus sous leur emprise. L'amour que l'on ressent envers tous les êtres et tout ce qui est devient beaucoup plus profond et, en même temps, on ne se sent pas infiniment triste lorsqu'une chose vient à prendre fin ou à changer.

« Mon secret, c'est de ne pas me soucier de ce qui arrive. »
Jiddu Krishnamurti, lors de la deuxième conférence donnée à Ojai, en 1977

Ces paroles de Krishnamurti nous montrent à quoi ressemble une vie sans attachement. Elles nous parlent de ce qu'est le véritable non-attachement. Si vous avez du mal à croire que vous pourriez vivre ainsi, c'est uniquement parce que votre mental vous en a convaincu. Souvenez-vous que le non-attachement est votre véritable nature ; il est ce que *vous* êtes, la Conscience.

Il y a des années de cela, alors que mon mari et moi habitions en Australie, nous avions acheté une belle maison à la campagne. Mes deux enfants aimaient vivre dans ce pays et adoraient cette maison. Notre vie était fantastique, mais, malheureusement, les taux d'intérêt ont grimpé jusqu'à plus de 18 %. Avec mon mari, nous avons enchaîné un paquet d'heures supplémentaires, mais cela n'a pas suffi et nous ne pouvions finalement plus rembourser notre prêt immobilier. Pendant trois ans, nous avions fait d'énormes sacrifices, nous avions beaucoup souffert pour garder cette maison, mais au bout du compte, nous avons fini par la perdre. Le jour du déménagement, j'ai repensé à tous les efforts que nous nous étions imposés et j'ai décidé de ne plus jamais m'attacher à mon lieu de vie. Quand la souffrance devient trop grande, nous sommes prêts à changer.

Depuis, j'ai aimé chaque maison dans laquelle nous avons vécu – certaines plus que d'autres –, mais sans jamais m'y attacher. Lorsque j'y vivais, je les appréciais pleinement, sans craindre de les perdre un jour. Et quand le moment de partir arrivait, je pouvais le faire en ayant le cœur rempli de gratitude sans aucune once de tristesse.

« Le bonheur arrive quand nous ne sommes pas attachés à un objet, notamment le corps, ni aux choses matérielles. »
Francis Lucille

Nous existons dans le monde matériel et tout ce qui est matériel est destiné à prendre fin. Si nous sommes attachés à une chose, nous ne pourrons que souffrir quand elle ne sera plus là. Mais si vous aimez profondément ce qui est là, maintenant, dans votre vie – si vous êtes vraiment empli de gratitude pour tout ce qui se passe ici et maintenant, si vous l'appréciez pleinement –, vous n'éprouverez plus jamais la même tristesse quand ce ne sera plus là.

J'ai été très proche de ma mère pendant toute mon enfance. Une fois devenue adulte, elle n'était plus seulement ma mère, mais aussi ma meilleure amie. J'étais terrifiée à l'idée qu'elle meure, parce que je n'imaginais pas vivre sans elle ou que la vie vaille la peine d'être vécue si elle n'en faisait plus partie. Après avoir découvert Le Secret, je me suis sentie emplie de reconnaissance et de gratitude pour tout ce qu'il y avait dans ma vie, en particulier ma famille et ma mère. J'ai apprécié chaque moment passé avec elle. Je lui rappelais toutes les petites et les grandes choses qu'elle avait faites pour moi et qui avaient tellement compté. Et quand ma mère est morte, je n'ai pas souffert comme j'aurais pu souffrir auparavant. J'ai ressenti alors un immense amour pour elle, plus vaste encore que l'Univers. Depuis ce jour, l'amour que j'éprouve pour ma mère est resté inchangé.

Vous êtes amour. L'amour est l'exact opposé de l'attachement, car l'amour accorde à tout ce qui est la liberté de venir et de partir. L'amour, c'est accepter et laisser être tout ce qui est, quoi qu'il arrive.

« L'amour est ce que vous êtes déjà. L'amour ne cherche rien. Il est déjà complet. Il ne veut rien. Il n'a pas de besoins et n'impose aucune condition. »
Byron Katie, J'ai besoin que tu m'aimes, est-ce vrai ?

Je vous promets qu'au fur et à mesure que vous parviendrez à vous défaire de vos attachements, l'amour que vous ressentirez sera si vaste que vous aurez l'impression que même l'Univers ne peut le contenir. Toutes les choses auxquelles vous étiez attachés seront remplacées par cet amour à la fois omnipotent, omniscient et omniprésent. Certains appellent cet amour « Dieu ».

Les personnes qui ont été en présence de Jésus, du Bouddha, de Krishna ou de tout être éveillé ont vu la négativité s'évanouir instantanément. L'amour est ainsi : puissant, pur et inconditionnel. Il dissipe toute discorde et négativité sur-le-champ. Il dissout tout ce qui n'est pas amour. Cet amour tout-puissant est votre véritable nature. Il est ce que vous êtes.

Commencez par le bonheur

« Vous n'avez besoin de rien pour être heureux. Vous avez besoin de quelque chose pour être triste. »
Sri Poonja (Papaji)

« Quand nous percevons que [la conscience est présente à chaque instant], une transformation se produit dans le corps-esprit. Celui-ci est immergé dans une joie sans cause et libéré de la croyance qu'il faut agir pour atteindre le bonheur. Le bonheur n'est pas quelque chose que l'on pourrait obtenir par l'effort ou la souffrance. Comment pourrait-on atteindre le bonheur en souffrant ? Comment plus de souffrance pourrait-il nous rendre heureux ?

Nous devons commencer par le bonheur. Nous avons trop souvent accepté d'endurer encore plus de souffrance pour être enfin heureux. »
Francis Lucille, The Perfume of Silence

Vous pouvez être heureux en ce moment même, quoi qu'il se passe autour de vous. Le bonheur n'est pas quelque chose qu'il faudrait rechercher ou attendre ; il est avec vous, ici et maintenant.

« Nous pouvons connaître la liberté et le bonheur maintenant. Nous n'avons pas besoin d'attendre qu'ils arrivent un jour lointain, quand nous aurons fait assez d'efforts pour les mériter ou que nous serons suffisamment préparés. Nous avons déjà toutes les raisons de nous sentir emplis de joie et d'émerveillement, en cet instant même. »
Hale Dwoskin, The Sedona Method

« Vous êtes la joie ultime. Chercher la joie reviendrait à chercher Lester. Mais je suis Lester. Je n'ai pas besoin d'aller le chercher ailleurs. Si je suis la joie, je n'ai pas besoin de la trouver ailleurs. Il ne sert à rien de poursuivre la joie à l'extérieur de vous-même quand elle est en vous. »
Lester Levenson et Hale Dwoskin, Happiness Is Free, *volumes 1–5*

« Rechercher l'amour, c'est un peu comme être un lac qui chercherait l'eau. »
Hale Dwoskin

« Découvrir que la paix, le bonheur et l'amour sont toujours présents en vous et qu'il est possible d'y accéder à chaque instant et indépendamment des circonstances est la découverte la plus importante que l'on puisse faire. »
Rupert Spira, The Art of Peace and Happiness

Comme le bonheur est votre véritable nature, vous ne pouvez pas l'acquérir ; vous ne pouvez que l'ÊTRE. Quand vous êtes heureux, vous êtes votre soi véritable, la Conscience ! Et quand vous êtes la Conscience, vous êtes en harmonie avec tout ce qui est. Lorsque je vous annonce que votre vie sera merveilleuse, nous sommes encore très loin de ce que vous allez vivre !

« Un être humain devient pleinement vivant non pas au moment de sa conception ou de sa naissance, quand il devient adulte ou lors de moments ritualisés que l'on aime marquer, comme les baptêmes et les mariages, les bar-mitsva ou les remises de diplômes. Il ne devient pleinement vivant que lorsque le sentiment d'être une personne s'effondre, quand il laisse le vent emporter la chose vide de substance à laquelle il s'était identifié. Cela ressemble un peu à une mort (la personne que vous étiez, après tout, n'existe plus) et pourtant, pourtant… vous découvrez avec surprise que vous êtes toujours là et que la vie continue. Il y a une vie après la mort. Vous découvrez ce que signifie le paradis sur terre. »
Jan Frazier, Opening the Door

Autorisez-vous à être heureux. Autorisez-vous à être le bonheur que vous êtes réellement. Le pouvoir de la Conscience est la réponse à tout ce qui menace votre bonheur. Le bonheur est là, ici et maintenant. Si vous ouvrez votre attention en demeurant dans la Conscience que vous êtes, vous serez heureux !

Si vous n'êtes pas heureux, souvenez-vous d'accueillir tout sentiment autre que le bonheur et laissez-le être présent sans chercher à le changer ou à vous en débarrasser. En accueillant toutes les émotions qui se manifestent en vous, vous les sentirez se dissoudre dans le bonheur que vous êtes réellement.

Chaque fois que vous ouvrez les bras pour accueillir un sentiment autre que le bonheur, vous vous rapprochez du bonheur durable et permanent et d'une vie magique où règne l'harmonie. Plus vous accueillerez des sentiments autres que le bonheur, plus vous sentirez grandir chaque jour en vous le bonheur de votre soi véritable. Et, un jour, vous découvrirez par vous-même que derrière chaque sentiment autre que le bonheur, il y a le bonheur et l'amour éternels, c'est-à-dire la Conscience.

CHAPITRE 10 *Résumé*

- *Vous* êtes *le bonheur. C'est votre véritable nature. Le bonheur – une source de bonheur qui ne cesse jamais – est là, ici et maintenant, à l'intérieur de vous !*
- *Il n'y a pas d'autre bonheur que le bonheur de votre véritable nature. Le bonheur que vous assez ressenti à différents moments de votre vie est le bonheur de la Conscience.*
- *Il n'y a rien de mieux dans la vie que de se sentir heureux. Plus vous êtes heureux, plus votre vie se déroule sans effort.*
- *Quand nous recherchons le bonheur dans le monde, notre bonheur est éphémère.*
- *Nous pouvons profiter pleinement de toutes les choses merveilleuses que nous voulons être, faire ou avoir dans le monde, mais nous devons le faire en étant pleinement* conscients *que le seul endroit où nous trouverons un bonheur réel et permanent, c'est à l'intérieur de nous-mêmes.*
- *Vos pensées déterminent ce que vous ressentez. Par conséquent, si vous n'êtes pas heureux, c'est parce que vous pensez à quelque chose que vous ne voulez pas.*
- *Le seul obstacle qui se dresse entre vous, le bonheur durable et ce que vous êtes réellement est une pensée : « Je ne veux pas. »*
- *Lorsqu'une situation vous fait souffrir ou vous blesse, voyez-y une sorte de signal d'alerte vous avertissant qu'ici et maintenant, vous croyez des pensées erronées.*
- *Nous sommes nombreux à résister au bonheur sans en être conscients.*

- *Quand nous prenons conscience de notre résistance au bonheur, la croyance refoulée qui nous a conduits à résister au bonheur n'a pratiquement plus aucun pouvoir sur nous.*

- *Il n'y a rien à faire pour être heureux. Il faut juste cesser de faire ce qui nous rend malheureux !*

- *La seule chose qui nous rende malheureux, c'est l'attachement.*

- *Il y a attachement dès lors que l'on s'attache à une chose de peur de la perdre en étant persuadé qu'on ne peut pas être heureux sans elle.*

- *Nos attachements constituent bien souvent l'identité de la personne que nous pensons être, et nous sommes convaincus que nous perdrons notre identité si nous les abandonnons. Alors nous nous y accrochons, bien qu'ils nous empêchent d'être heureux.*

- *Ce qui s'attache, ce n'est pas* vous, *mais votre mental. C'est lui qui a des attachements. Ce que vous êtes réellement n'est pas attaché à une pensée.*

- *La seule chose à faire si vous voulez vous libérer des attachements est de demeurer en tant que* Conscience *aussi souvent que possible, et tous vos attachements tomberont les uns après les autres.*

- *Vous pouvez être heureux en ce moment même, quoi qu'il se passe autour de vous. Le bonheur n'est pas quelque chose qu'il faudrait rechercher ou attendre.*

- *Vous ne pouvez pas acquérir le bonheur ; vous ne pouvez que l'*ÊTRE. *Quand vous êtes heureux, vous êtes votre soi véritable.*

- *Si vous n'êtes pas heureux, souvenez-vous d'accueillir tout sentiment autre que le bonheur et laissez-le être présent sans chercher à le changer ou à vous en débarrasser.*

- *Plus vous accueillerez des sentiments autres que le bonheur, plus vous sentirez grandir en vous chaque jour le bonheur de votre soi véritable.*

CHAPITRE 11

TOUT VA BIEN DANS LE MONDE

« Tout va bien et tout ira toujours très bien. »
Julienne de Norwich

« Vous le savez, tous les mystiques – qu'ils soient catholiques, chrétiens ou d'une autre religion (ce n'est ni la théologie ni la religion qui importe) – sont unanimes. Ils disent que tout va bien, que tout va très bien. La confusion règne, mais ils prétendent que tout va bien. Quel étrange paradoxe ! Mais ce qui est tragique, c'est que la plupart des gens ne verront jamais que tout va très bien, car ils dorment. Ils sont en plein cauchemar. »
Anthony de Mello S.J., Quand la conscience s'éveille

Peut-être vous demandez-vous comment tout peut aller bien quand on voit tout ce qui se passe dans le monde, qu'il s'agisse de la violence, des guerres, de la pauvreté et de la destruction. Il y a des conflits partout, les gens s'attaquent, se disputent, se critiquent et se menacent, ce qui génère de la souffrance aux quatre coins du globe.

Cependant, lorsqu'on demande à des sages comment tout peut aller bien, ils répondent : « Parce que le monde est une illusion. »

Ce qu'ils entendent par là, c'est que le monde n'est pas ce qu'il semble être. Le monde tel que nous le concevons – solide, tangible, existant en dehors de nous et étant la seule réalité – est une illusion.

« Il ne fait aucun doute que l'univers est la plus grande illusion. »
Ramana Maharshi, The Collected Works of Ramana Maharshi

Nous savons grâce à la science que tout ce qui est physique est essentiellement composé d'espace, qu'en réalité, les couleurs que nous percevons sont leur absence même, et que les sons que nous entendons sont une vibration que notre cerveau interprète comme tels par l'intermédiaire de signaux nerveux. Et nous savons que le spectre électromagnétique ne représente que *0,005 %* de toute la masse de l'Univers. Qui plus est, les êtres humains ne peuvent en percevoir qu'une *fraction*. On peut donc se poser la question de savoir si le monde est réellement ce qu'il semble être.

« Quand je regarde l'Empire State Building et quand vous le regardez, nous voyons probablement la même chose, mais comment est-il vu par un insecte doté d'une centaine d'yeux ? Comment un serpent qui ne perçoit que les ultrasons le voit-il ? Ce que nous percevons de ce bâtiment n'est donc qu'un regard humain, et non celui d'un crocodile, par exemple. Par conséquent, on ne peut pas affirmer que l'appareil sensoriel humain, avec son nombre limité d'expériences, est la seule réalité. De plus, vous ne pourriez pas expliquer à quoi ressemble l'Empire State Building si des photons ne venaient pas heurter la rétine de vos yeux. »
Deepak Chopra™, M.D., podcast Mindbodygreen

Quand on explore ce que l'on prenait pour la réalité, on s'aperçoit que ce n'étaient que des présupposés, et non des faits.

« La science postule que le monde physique et la matière sont réels. Ce postulat pose un problème dans la mesure où l'on doit se demander, en tant que scientifique, de quoi est faite la matière. Les scientifiques disent que la matière est faite de molécules. Mais de quoi les molécules sont-elles faites ? D'atomes. Et de quoi les atomes sont-ils faits ? De particules. Et de quoi les particules sont-elles faites ? De plus petites particules. Et de

quoi ces plus petites particules sont-elles faites ? Eh bien, si elles ne sont pas mesurées en tant que particules, elles sont des vagues de probabilités dans l'espace mathématique. »
Deepak Chopra™, M.D., podcast Mindbodygreen

Ces vagues de probabilités ne sont en aucun cas quelque chose de matériel. Elles ne sont que vacuité et elles se manifestent en tant que particules uniquement quand elles sont mesurées et observées par le mental !

« Quand vous passez d'une pièce à une autre – quand tous vos sens primaires ne perçoivent plus les bruits du lave-vaisselle, le tic-tac de l'horloge, l'odeur du poulet rôti –, les échos de la cuisine et tous ces petits sons discrets refluent dans la vacuité, c'est-à-dire dans des vagues de probabilités. »
Robert Lanza, M.D.

L'Ordre de la Rose-Croix, qui remonte au XIVe siècle, décrit le monde matériel comme étant uniquement fait de « fantômes mentaux ». De toute évidence, la physique quantique confirme ce que l'ancienne tradition savait déjà.

Quand j'ai commencé à m'intéresser à la physique quantique il y a quelques années, j'ai lu des articles expliquant que la pièce dans laquelle je me trouvais n'existait pas quand j'en sortais, parce que cet endroit et tous les phénomènes retournent dans la vague de probabilités quand ils ne sont pas observés. Je m'amusais à sortir de la pièce et à y revenir aussi vite que possible pour essayer de saisir l'image de la pièce au moment où elle reprendrait forme. Il est clair que je n'avais aucune chance !

« Pour que la matière se manifeste – sous forme d'un caillou, d'un flocon de neige ou même d'une particule subatomique –, elle doit être observée par un être vivant. »
Robert Lanza, M.D., Biocentrism: How Life and Consciousness Are the Keys to Understanding the True Nature of the Universe

À son niveau le plus profond, toute la structure physique de notre monde et de tout ce qu'il contient n'est rien d'autre que de l'espace vide. Aussi peut-on, comme Deepak, se poser la question suivante : « Le monde est-il physique ? »

Mais si le monde n'est pas physique, alors qu'est-il ?

Toute manifestation physique provient du mental. Cela va toutefois beaucoup plus loin que l'idée selon laquelle l'esprit domine la matière. La matière *est* le mental. Tout ce qui nous apparaît comme étant solide et matériel – tout notre monde physique et l'Univers – n'est en réalité que des images projetées par le mental.

« Tout est esprit. L'Univers est mental… Celui qui saisit la vérité de la Nature mentale de l'Univers est déjà bien avancé sur le chemin de la maîtrise. »
Le Kybalion

« Le monde et l'Univers sont une fabrication mentale. »
Lester Levenson et Hale Dwoskin, Happiness Is Free, *volumes 1–5*

« On a même trouvé la structure de l'atome dans le mental. »
Ramana Maharshi

« Toute manifestation est le mental. »
Francis Lucille

« La pensée, c'est l'énergie et la vibration première émanant de Dieu. C'est la pensée qui crée la vie, les électrons, les atomes et toutes les formes d'énergie. »
Paramahansa Yogananda, God Talks with Arjuna: The Bhagavad Gita

Quand vous regardez le vaste Univers la nuit, comment pouvez-vous être certain qu'il se situe en dehors de vous ? Nous savons maintenant que toutes les images que nous percevons proviennent des photons de lumière qui viennent heurter notre rétine et que notre cerveau traduit en images. Ensuite, notre cerveau projette cette image depuis l'arrière de notre tête. Ce qui signifie que, même sur le plan biologique, nous savons que ce que nous percevons se trouve en nous.

Quand nous regardons le monde, nous ne le percevons pas de l'extérieur de nous, mais en nous-mêmes. Nos sens qui détectent le monde extérieur sont tous expérimentés à l'*intérieur* de nous. Quand vous touchez quelque chose, vous le sentez dans votre être et non de l'extérieur. Vérifiez par vous-même. Quand quelqu'un vous prend dans ses bras, vous le percevez et le ressentez en vous. Quand vous entendez des sons, vous ne les entendez pas en dehors de vous, mais de l'intérieur. Quand vous faites un mouvement, vous ressentez chaque sensation de ce mouvement en vous. Aucun de nos sens ni aucune de nos sensations ne prouvent qu'il existe un monde séparé et hors de nous-mêmes.

« Nous avons concocté l'univers tout entier pour oublier ensuite que nous l'avons créé. Nous affirmons que l'univers est réel et séparé de nous, alors

qu'il n'est qu'une image dans notre mental. Le seul endroit où vous verrez ce monde, c'est dans votre mental. Quand vous mettez votre mental en sommeil, il n'y a pas de monde. Et si vous ne vous réveillez pas de votre sommeil, il n'y aura plus jamais de monde, mais vous serez toujours là. »
Lester Levenson, Will Power, *enregistrement audio*

Tout ce que vous voyez, d'une petite cuillère au soleil dans le ciel, est une projection. Tout comme un projecteur de cinéma, notre mental projette les images de notre monde. C'est un peu comme se retrouver dans une salle de spectacle avec une vue à 360 degrés, des images au-dessus de la tête, en dessous et sur les côtés avec un son panoramique. Cela produit effectivement une expérience très convaincante.

« Croire que le monde existe en tant que réalité indépendante est une illusion. »
Francis Lucille

Le monde tel que vous le percevez – un monde qui semble exister en dehors de notre corps et indépendamment de nous – est une illusion créée par le mental, de même que la supposée solidité des objets et leur apparence en trois dimensions.

Les images du monde et l'expérience que nous en avons par l'intermédiaire de nos sens sont semblables au monde qui apparaît dans nos rêves pendant notre sommeil. Le contenu et l'expérience de votre rêve sont entièrement le fruit du mental, de même que votre expérience du monde à l'état de veille n'a lieu que dans votre mental.

« Sachant que notre mental possède ce pouvoir merveilleux de création et d'auto-illusion, ne serait-il pas raisonnable de supposer que le corps que nous prenons pour notre "soi" et le monde que nous croyons réel dans notre état de veille pourraient être uniquement le fruit de notre imagination ou d'une projection mentale, de même que le corps et le monde que nous

expérimentons dans nos rêves ? Quelle preuve avons-nous que le corps et le monde que nous expérimentons dans cet état de veille ne sont pas une création de notre propre mental ? »
Michael James, Happiness and the Art of Being

« Dans votre imagination, vous écrivez et projetez un film avec des acteurs, des actions et des spectateurs sur un écran, et vous perdez de vue le fait que tout se passe dans votre mental. »
Lester Levenson et Hale Dwoskin, Happiness Is Free, *volumes 1–5*

« Le monde est fait de pensées et d'idées. »
Mon maître

« Ce que nous voyons autour de nous, c'est notre propre mental. »
Lester Levenson et Hale Dwoskin, Happiness Is Free, *volumes 1–5*

« Tout ce que nous avons nommé – latitude, longitude, temps de Greenwich, nations, États, étoiles, galaxies, de même que tout ce que vous avez nommé – est une construction mentale. Nous avons ainsi créé le monde… durant des milliers d'années. C'est nous qui racontons l'histoire. »
Deepak Chopra™, M.D., lors de la conférence donnée en 2018, durant le séminaire « Science and Nonduality »

Non seulement nous avons créé ce monde avec nos pensées individuelles et nos pensées collectives, mais nous créons aussi tout ce que nous vivons instant après instant.

« L'apparence qu'on appelle le monde ? Celui-ci n'est qu'une illusion, une création de notre esprit. Un jour, vous découvrirez que vous avez construit tout cet univers… qui n'est qu'un assemblage de toutes nos pensées. »
Lester Levenson, Will Power, *enregistrement audio*

Qui a le pouvoir de transformer les pensées en un monde et un Univers apparents ? C'est la Conscience infinie, le seul pouvoir qui soit. La Conscience infinie est le seul et unique pouvoir qui existe. Rien ne peut rivaliser avec elle. Et c'est ce que vous êtes.

Tout est Conscience

« De manière générale, le monde n'est pas l'endroit décrit dans nos manuels scolaires. Depuis des siècles, à peu près à partir de la Renaissance, une pensée unique sur la façon dont le cosmos a été créé prédomine dans la sphère scientifique. Ce modèle nous a permis de comprendre certains aspects de la nature de l'univers, ce qui a donné lieu à d'innombrables applications qui ont transformé chaque aspect de notre existence. Mais ce modèle a atteint sa fin de vie utile et a besoin d'être remplacé par un paradigme totalement différent prenant en compte une réalité plus profonde, totalement ignorée jusqu'à ce jour. »
Robert Lanza, M.D., Biocentrism: How Life and Consciousness Are the Keys to Understanding the True Nature of the Universe

« Pour une raison inexplicable, l'élément commun de toute expérience – la conscience – est resté secret. »
Deepak Chopra™, M.D.

Dans cette conférence, Deepak Chopra expose les deux plus grands problèmes scientifiques restés sans réponse :

1. Quelle est la substance de l'Univers ?

2. D'où vient la Conscience ?

« La science ne peut résoudre le mystère ultime de la nature, parce que nous faisons partie de la nature et, par conséquent, du mystère que nous tentons de résoudre. »
Max Planck, physicien quantique, Where Is Science Going?

Si les scientifiques continuent à penser que le monde est objectif, matériel, tangible et existant en dehors de nous, ils ne trouveront pas la vérité au sujet de la substance qui sous-tend l'Univers. Or, depuis des centaines d'années, les sages connaissent la réponse à la principale question scientifique non résolue.

Quelle est la substance de l'Univers ?
La Conscience est la substance de l'Univers.

D'où vient la Conscience ?
La Conscience ne vient de nulle part ; tout vient de la Conscience.

La Conscience est infinie, elle est partout en même temps. Comment pourrait-elle venir de quelque part ?

Nous savons par la science que notre Univers matériel a commencé par le big bang, ce qui veut dire qu'il a une fin, que les scientifiques ont d'ailleurs déterminée. Si notre Univers a un début et une fin, cela signifie qu'il est fini, et s'il est fini, cela signifie qu'il doit venir de quelque chose d'*infini* ! L'Univers émane de la Conscience, et la Conscience, qui est infinie, est le fondement et la substance mêmes de l'Univers et de tout ce qu'il contient.

Vous êtes la Conscience infinie, ce qui implique, en définitive, que l'Univers, c'est *vous, en vous.*

« L'univers entier est contenu dans un seul être humain : toi. »
Rûmî

Le monde, l'Univers et tout ce qu'il contient, y compris notre corps, sont *dans* la Conscience. Tout est dans la Conscience et prend appui sur elle. La Conscience est omniprésente : elle est partout, elle renferme tout et tout émane d'elle. La Conscience est omnisciente ; elle sait tout, car elle contient tout. La Conscience est omnipotente : elle est tout pouvoir, car il n'y a pas d'autre pouvoir qu'elle.

« Vous êtes vous-même l'énergie éternelle qui apparaît dans cet univers. »
Alan Watts, Nature of Consciousness

Le film du monde

Quand nous allons voir un film au cinéma ou que nous regardons un film à la télévision, nous ne pourrions pas voir les images si l'écran n'était pas là. De même, le mental a besoin d'un écran pour voir les images du film du monde qui est projeté. Cet écran est la Conscience.

Le film du monde projeté par notre mental prend appui sur l'écran de la Conscience, ce qui signifie que ce qu'on appelle le monde est en réalité la Conscience, l'unique Conscience infinie que nous sommes. C'est à cela que se réfèrent les sages quand ils disent « Nous sommes l'un » ou « Nous sommes le tout ». Nous sommes absolument tout ce qui existe, parce que nous sommes la Conscience au sein de laquelle et à partir de laquelle tout existe !

« Tout ce qui se manifeste n'est qu'un mouvement d'énergie. C'est la Conscience semblable à l'espace qui vibre sous toutes sortes de formes. »
Bob Adamson, « le marin », cité dans What's Wrong With Right Now? If You Don't Think About It

« La conscience est pareille à l'atmosphère au sein de laquelle toutes les choses ont lieu ; elle est comme l'écran sur lequel elles apparaissent. Rien ne peut nous affecter. Rien ne peut nous toucher. »
Jan Frazier, When Fear Falls Away

« Rien n'est tel qu'il en a l'air et vous n'êtes pas ce que vous semblez être. Il suffit pour s'en rendre compte de regarder et de ressentir les choses un peu plus profondément. »
Pamela Wilson

Vous voulez changer le monde ?

« Le changement dans la société est secondaire ; il se produira naturellement, inévitablement, quand vous, en tant qu'être humain, aurez opéré un changement en vous-même. »
Jiddu Krishnamurti, lors de la troisième conférence donnée à Santa Monica, en 1970

« La Conscience est ce que nous sommes. Vous n'êtes pas là pour sauver le monde, mais pour aimer le monde. »
Anthony de Mello S.J.

« Vous voulez que le monde soit différent. Supposons qu'on vous ait donné le pouvoir de l'effacer tel qu'il est et de le reconstruire à votre guise : sans guerres, sans tyrans, sans moustiques, sans cancers, sans souffrance, bref, un monde où les gens auraient le sourire aux lèvres. Mais comme vous évolueriez dans un univers terriblement ennuyeux et sans saveur, vous commenceriez à ajouter un peu de sel et de poivre, pour finir par vous retrouver exactement dans le monde où vous étiez avant, après avoir réalisé qu'il était parfait tel qu'il était ! »
Francis Lucille, The Perfume of Silence

Tant que nous resterons attachés à nos croyances, en particulier à la croyance que nous sommes des individus séparés, le monde ne sera jamais en paix. Des milliards d'egos créeront toujours des conflits, parce que les egos sont instables ; ils ne seront jamais d'accord. La Conscience, elle, permet tout. Elle permet l'illusion, les croyances erronées, l'absence de paix, les querelles, la souffrance et les guerres, car seul l'amour permet à tout ce qui est d'exister. Si vous voulez vous libérer de la souffrance, cela ne dépend pas du fait que le monde soit en paix. Vous devez simplement réaliser que vous vous êtes pris à tort pour un individu séparé, et vivre votre existence en demeurant dans la Conscience de l'unique Être infini que vous êtes.

« L'Être infini n'est pas concerné par les malheurs dans le monde ; il n'est jamais affecté par rien de tout cela. »
David Bingham

« Quand vous aurez réalisé que le monde, c'est vous, il vous paraîtra très différent de ce à quoi il ressemblait quand vous pensiez qu'il était séparé. Vous l'aimerez et vous vous identifierez à lui et à tout ce qu'il contient. »
Lester Levenson et Hale Dwoskin, Happiness Is Free, *volumes 1–5*

« Plus nous sommes conscients, plus il y a plus d'amour. Dès l'instant où vous vous rendez compte que tout ce qui existe, c'est vous, vous ne pouvez plus faire du mal à quoi que ce soit. »
David Bingham

La Conscience dit « oui » à absolument tout. Elle laisse chaque chose être comme elle est, parce que le monde et tout ce qu'il contient *est* la Conscience – ce que nous sommes et ce que vous êtes réellement. Ce qui signifie que rien ne peut s'opposer à nous. Aucune catastrophe ne peut avoir raison de nous. Aucune bombe atomique ni aucune météorite ne peuvent nous détruire. Aucun manque ni aucune limitation ne peuvent nous affecter. Car en y regardant de plus près, nous découvrons que tout cela, c'est *nous*.

Et quand vous aurez réalisé votre vrai soi et que vous demeurerez en tant que Conscience, vous saurez que :

Quelle que soit la façon dont les choses apparaissent dans le monde, tout va bien et tout ira toujours très bien.

CHAPITRE 11 *Résumé*

- *Le monde tel que nous le concevons – solide, tangible, existant en dehors de nous et étant la seule réalité – est une illusion.*

- *À son niveau le plus profond, toute la structure physique de notre monde et de tout ce qu'il contient n'est rien d'autre que de l'espace vide.*

- *La matière* est *le mental. Tout ce qui nous apparaît comme étant solide et matériel – tout notre monde physique et l'Univers – n'est en réalité que des images projetées par le mental.*

- *Le contenu et l'expérience de votre rêve sont entièrement le fruit du mental, de même que votre expérience du monde à l'état de veille n'a lieu que dans votre esprit.*

- *Le pouvoir de transformer les pensées en un monde et un Univers apparents est la Conscience infinie, le seul et unique pouvoir qui existe.*

- *L'Univers émane de la Conscience, et la Conscience, qui est infinie, est le fondement et la substance de notre Univers et de tout ce qu'il contient.*

- *Le monde, l'Univers et tout ce qu'il contient, y compris notre corps, sont* dans *la Conscience. Tout est en elle et prend appui sur elle.*

- *Tant que nous resterons attachés à nos croyances, tant que nous serons convaincus que nous sommes des individus séparés, le monde ne sera jamais en paix. Des milliards d'egos créeront toujours des conflits.*

- *Si vous voulez vous libérer de la souffrance, cela ne dépend pas du fait que le monde soit en paix. Vous devez simplement réaliser que vous vous êtes pris à tort pour un individu séparé, et vivre votre existence en demeurant dans la Conscience de l'unique Être infini que vous êtes.*

- *La Conscience dit « oui » à absolument tout. Elle permet à toute chose d'être comme elle est, car le monde et tout ce qu'il contient* est *la Conscience – ce que nous sommes réellement.*

- *Quelle que soit la façon dont les choses apparaissent dans le monde, tout va bien et tout ira toujours très bien.*

Chapitre 12

La fin… il n'y a pas de fin

Que se passerait-il si une chose qui nous effraie n'était pas vraie ? Que se passerait-il si la mort telle que nous la concevons n'existait pas ? Que se passerait-il si, en mourant, nous nous éveillions ?

« D'où vient le "je" et où va-t-il ? C'est la grande interrogation insondable, la même pour tout un chacun. La science n'a pas de réponse à cette question. »
Max Planck, physicien quantique

« Le corps meurt, mais l'esprit qui le transcende ne peut être affecté par la mort. »
Ramana Maharshi, The Collected Works of Ramana Maharshi

« Si vous pensez n'être qu'un corps et un mental, il est certain que ce "vous" va mourir ! Quand vous découvrirez que vous êtes la conscience impérissable qui n'est jamais née, la peur de la mort ne viendra plus vous perturber. En fait, c'est la mort de la mort. »
Mooji

« Lorsque vous vous éveillez, toutes les peurs, y compris la peur de la mort physique, disparaissent. C'est ainsi parce que ce que "vous" êtes foncièrement ne peut être détruit. »
Jan Frazier, The Freedom of Being

« La mort vous dépouille de tout ce qui n'est pas vous. Le secret de la vie, c'est de "mourir avant de mourir" et de découvrir que la mort n'existe pas. »
Eckhart Tolle, Le Pouvoir du moment présent

Mourir avant de mourir signifie mettre fin à l'illusion de n'être qu'une personne. C'est abandonner définitivement l'*idée* d'être une personne et réaliser la Conscience infinie de ce que vous êtes réellement. Ce n'est qu'ainsi que vous pourrez « mourir avant de mourir » et découvrir la vérité : il n'y a pas de mort.

« Parmi toutes les choses que les êtres humains peuvent apprendre dans cette vie, j'ai la plus grande des nouvelles à vous annoncer, la plus belle des choses à vous dire : vous êtes ce qui est sans forme, ce qui ne change et ne meurt jamais. »
Mooji, White Fire, *deuxième édition*

« Vous, votre corps-esprit et le monde que vous percevez, tout cela fait partie de la même réalité virtuelle… Ce que vous êtes réellement est la conscience sans forme. Quand vous vous identifiez à elle, vous vous rendez compte que toutes les autres identités que vous avez pu avoir étaient provisoires. Mari ou père, fils ou épouse ne sont que des identités provisoires qui ont une naissance et une mort et ne cessent de changer ; elles ne sont pas réelles… Votre identité absolue est l'être inconcevable, sans forme et infini qui se transforme en n'importe quelle réalité en fonction des constructions mentales. »
Deepak Chopra™, M.D., podcast Mindbodygreen

« Nous avons oublié que nous sommes cette conscience et que nous nous sommes identifiés à des objets. Nous pensons "Je suis ce corps, par conséquent je vais mourir". Or la conscience ne se trouve pas dans le corps. Celui-ci apparaît dans la conscience, tout comme le mental et le monde. Bien qu'il en soit ainsi, nous surimposons la notion opposée à notre expérience en

pensant a contrario que la conscience se trouve dans le mental, le mental dans le corps et le corps dans le monde. »
Francis Lucille, The Perfume of Silence

« Comme vous vous identifiez au corps, vous pensez que vous devez naître et mourir comme lui. Mais vous n'êtes pas ce corps et vous n'avez ni naissance ni mort. »
Ramana Maharshi, Be as You Are

« La notion de mort est une construction humaine de plus. Si vous croyez en l'existence du monde physique, alors vous devez croire à la mort et à la naissance. Mais comprenez que vous êtes l'être *sans forme* qui s'expérimente lui-même en prenant une forme. Cela signifie que cet être sans forme fait ici et maintenant l'expérience de lui-même en tant que corps-esprit. »
Deepak Chopra™, M.D., podcast Mindbodygreen

« Vous avez accepté l'idée que vous allez mourir uniquement parce que vous avez accepté ce qu'on vous a dit : que vous êtes né un jour. »
Sri Poonja (Papaji), The Truth Is

« Il n'y a jamais eu de temps où je n'existais pas et où tu n'existais pas […], et jamais il n'y aura de temps où nous ne serons plus. »
Krishna

Il est impossible d'imaginer ne pas être, parce que vous ne pourrez jamais *ne pas* être. Si vous imaginez cela, vous pensez qu'il y a une Conscience qui n'est pas, alors même que vous êtes là… en tant que Conscience !

« Quand vous êtes un nourrisson, vous ne savez pas que ceci est une table, que ceci est une main ou que vous avez un corps. Votre seule expérience est un univers flou fait de couleurs, de sensations et d'images. Il n'y a pas encore de pensées, juste un sentiment d'émerveillement et de confusion.

Puis viennent les concepts : vous êtes un homme, vous êtes américain, vous êtes un être humain, ceci est une étoile, ceci est une galaxie, ceci est la planète Terre. C'est ainsi que fonctionne le point de vue scientifique. Et vous vous retrouvez d'un seul coup à regarder le monde à travers un filtre. La conscience n'est plus qu'un mental conditionné à travers lequel vous faites l'expérience du monde et du corps physiques. Et du fait de ces constructions mentales, vous avez peur de la naissance et de la mort. Ce sont des concepts humains. Il n'y a ni naissance ni mort, il n'y a pas de corps physique, il n'y a pas d'Univers. Il y a la conscience infinie que Vous êtes. »
Deepak Chopra™, M.D., podcast Mindbodygreen

« On atteint l'immortalité dans la mesure où l'on domine le sens personnel. [...] Lorsque nous rejetons l'ego pour atteindre la conscience de notre Identité véritable – notre Réalité, la Conscience divine –, nous parvenons à l'immortalité. Et cela peut être réalisé ici et maintenant. »
Joel S. Goldsmith, La Voie infinie

« La mort n'est pas l'extinction de la lumière, c'est simplement la lampe qui se retire, car l'aube est venue. »
Rabindranath Tagore

Qu'est-ce que ça fait de mourir ?

« C'est la même chose que de se réveiller après un rêve. Il n'y a aucune différence. »
Mon maître

Les maîtres nous disent avec compassion que la Conscience n'est jamais née et ne mourra jamais. Cela signifie que lorsque le corps cesse, la Conscience demeure telle qu'elle a toujours été, pleinement consciente et pleinement vivante. Peut-être réaliserez-vous alors que vous n'avez jamais été un corps, car vous serez pleinement conscient et continuerez d'exister comme avant, mis à part que vous n'aurez plus de corps. La Conscience n'a pas besoin d'avoir un corps pour être consciente. Lorsque celui-ci cesse, il ne se passe pas une seule seconde, pas même des milliards de millièmes de seconde, sans que vous demeuriez pleinement conscient. Vous êtes éternellement et infiniment conscient, pleinement et complètement vivant, avec ou sans corps.

« La Conscience n'a jamais commencé et ne cessera jamais. »
Robert Lanza, M.D., Beyond Biocentrism: Rethinking Time, Space, Consciousness and the Illusion of Death

« La mort n'est pas le contraire de la vie. La vie n'a pas de contraire. Le contraire de la mort est la naissance. La vie est éternelle. »
Eckhart Tolle, L'Art du calme intérieur

Dans quelle mesure votre vie serait différente si vous saviez que personne ne meurt ? Que se passerait-il si vous saviez avec certitude que vous-même et les autres êtes l'Être infini unique et universel ? À quoi ressemblerait votre vie si vous connaissiez cette vérité ?

Les sages nous disent que lorsqu'on connaît la vérité, la vie devient plus légère et plus facile. Elle est pleine de rires, d'un amour débordant et d'une joie infinie envers tout ce qui advient. Vous savourez chaque instant et vous ressentez une immense gratitude face à la manifestation du monde qui n'est que merveilles et splendeurs. Cela fait naître en vous de la compassion et un amour profond pour l'humanité et tous les êtres vivants.

Les sages nous expliquent aussi que nous deviendrons imperturbables face aux personnes ou aux situations qui nous agaçaient auparavant. Il n'y a plus de problèmes et nous ne prenons plus les choses aussi sérieusement. Nous contemplons avec légèreté tout ce qui vient et repart dans le monde comme si c'était un film. Et nous nous sentons parfaitement sereins, parce que nous savons que quoi qu'il se passe, il n'y a pas de fin, ni pour nous ni pour personne.

À partir du moment où j'ai découvert Le Secret, j'ai su qu'on ne mourait pas. Quand j'ai pris conscience des lois qui gouvernent notre mental et notre vie physique – celles des causes et des effets, de l'attraction, le *karma* –, j'ai su que notre existence ne se limitait pas à cette durée de vie. Sinon, à quoi cela servirait-il ? Comment quiconque pourrait-il maîtriser ces lois en une seule vie ? On dit que le Bouddha aurait vécu cinq cents vies avant de s'éveiller, et on parle là du Bouddha !

« Le sentiment "je" que vous utilisez pour désigner votre individualité ne vous quittera jamais. Il se déploie. Au fur et à mesure que vous découvrirez ce que vous êtes réellement, vous commencerez à voir que les autres sont vous, que vous êtes moi, qu'il n'y a que l'Un, et que vous êtes maintenant cet Être infini et magnifique que vous n'avez jamais cessé d'être. »
Lester Levenson et Hale Dwoskin, Happiness Is Free, *volumes 1–5*

Des avatars

« Tout ceci est le jeu de la conscience qui s'amuse à se déguiser et à faire semblant d'être une personne. »
David Bingham

« Notre nature essentielle, qui est pure Conscience, n'a rien à gagner ni à perdre tout au long de l'aventure humaine. »
Rupert Spira, The Ashes of Love

Avoir une vie sur terre, c'est un peu comme avoir un avatar dans un jeu vidéo. Quand votre corps meurt dans le jeu, vous en prenez un nouveau pour recommencer une partie et vous utilisez tous les avatars possibles jusqu'à ce qu'elle soit terminée. Selon certaines traditions, dans notre vie humaine, nous avons aussi un nouveau corps chaque fois que nous mourons, jusqu'à ce que nous ayons « fini de jouer ». Le jeu se termine lorsque nous réalisons pleinement ce que nous sommes : la Conscience.

Peut-être avons-nous vécu de nombreuses vies, très probablement des centaines et des centaines. Mais c'est l'éveil à la vérité qui réjouit la Conscience et l'Univers, et c'est pourquoi *cette* vie est la plus importante !

« Vous êtes ici pour permettre à la mission divine de l'univers de se déployer. Voici à quel point vous êtes important ! »
Eckhart Tolle, Le Pouvoir du moment présent

Vous devez réaliser la vérité par vous-même car ce n'est pas quelque chose qu'on peut vous donner. Comment quelqu'un pourrait-il vous donner à vous-même ce que vous êtes ? Vous êtes déjà vous ! On ne peut que vous indiquer la direction dans laquelle poser votre regard. C'est en en faisant *vous-même* l'expérience que vous réaliserez la vérité, et non à travers ce qu'on aura pu vous dire.

« Vous-même, le monde et l'univers tout entier n'êtes que des modifications de la conscience. Vous et l'univers êtes la conscience en mouvement. »
Deepak Chopra™, M.D., podcast Mindbodygreen

« Ce que vous êtes foncièrement, profondément, fondamentalement n'est autre que le tissu et la structure même de l'existence. »
Alan Watts, Out of Your Mind

« Quand on ressent vraiment que l'univers est en nous, que nous sommes l'univers, qu'il n'y a pas de séparation, qu'il y a cette unité, alors l'univers et les événements de l'existence se déroulent dans cette perspective qui est la perspective juste. Ils révèlent le caractère sacré du monde. Ils révèlent

le miracle permanent. C'est d'abord quelque chose que l'on ressent avant que notre expérience du monde ne vienne nous le confirmer. »
Francis Lucille, The Perfume of Silence

De l'être humain à l'Être infini

Mon maître dit que pour réaliser l'Être infini que nous sommes, il suffit de le décider. Et comme il n'y a que vous, l'Être infini, qui pouvez prendre cette résolution, la décision d'accomplir pleinement ce que vous êtes n'est pas différente de celle d'aller vous chercher un verre d'eau. Voici par exemple ce que vous pouvez vous dire : « J'ai décidé d'être pleinement conscient de ma véritable nature, la Conscience. J'ai choisi d'accomplir mon destin et de vivre dans la joie de la Conscience infinie que je suis. J'ai pris la décision de réaliser pleinement la Conscience pure, indestructible et éternelle que je suis. »

« Prenez tous vos désirs, toute votre agitation et tout le poids et le vacarme que cela crée. Mettez-les dans une boîte et refermez-la bien. Déposez-la ensuite dans un camion qui s'éloigne de vous pour ne plus jamais revenir. Il reste bien quelque chose, n'est-ce pas ? Vous êtes toujours là. Vous pouvez vous sentir exister. Bienvenue chez vous ! »
Jan Frazier, The Freedom of Being

Mon intention tout au long de ce livre était de vous indiquer la direction que vous pouvez décider de prendre pour passer de la croyance que vous n'êtes qu'un être humain à la prise de conscience de l'Être infini que vous êtes. J'ai souhaité aussi vous montrer comment sortir de la souffrance pour laisser la place au bonheur et à la paix, et comment vous libérer de ce qui vous blesse, vous angoisse, vous inquiète et de tous les problèmes pour connaître le bonheur perpétuel de la Conscience. Votre soi véritable est la seule chose permanente dans l'existence. Tout le reste vient et repart, apparaît et disparaît, mais vous êtes celui qui n'est jamais venu et ne s'en ira jamais. Bien que la Conscience soit consciente à chaque seconde des expériences que vous pouvez être amené à vivre, cela ne l'affecte pas. Cela ne l'atteint pas car elle accueille tout en elle.

« Nous vivons actuellement la période la plus critique, la plus difficile et en même temps la plus excitante que l'humanité ait jamais connue. Le champ des possibles n'a jamais été aussi vaste et l'enjeu aussi important. »
Peter Russell, auteur et physicien à la retraite

À travers les paroles et les écrits des êtres conscients cités dans ce livre, vous avez commencé à vous éveiller. Quel que soit le chemin qu'il vous reste à parcourir, sachez que celui que vous avez derrière vous ne sera jamais perdu. Alors que l'illusion fabriquée par le mental semblait être sans accroc, il y a maintenant une entaille dans le tissu. Celle-ci ne pourra plus jamais être recousue complètement et votre mental ne se retrouvera plus jamais dans l'obscurité de l'ignorance. La Conscience, l'Être infini que vous êtes, fera en sorte que le tissu d'illusions continue à se déchirer, jusqu'à ce que la vérité soit pleinement révélée et réalisée et que vous soyez finalement uni à votre vrai soi.

« Quand on fait le premier pas vers le Soi, il fait neuf pas vers nous. »
Lester Levenson

Certaines personnes s'éveilleront peut-être instantanément en lisant ce livre, mais, pour la plupart d'entre nous, l'éveil est plutôt un cheminement. Si vous continuez à abandonner vos émotions négatives et vos croyances, si vous demeurez aussi souvent que possible dans la Conscience que vous êtes, celle-ci continuera à se déployer en vous. Et, un jour, elle sera tellement présente que vous vous rendrez compte que tout l'Univers et ce qu'il contient est à l'intérieur de vous.

C'est un voyage qui ne vous conduit nulle part, car vous n'avez nulle part où aller ; vous êtes déjà ce que vous recherchez, ici et maintenant. Comme le dit Rupert Spira : « Il n'y a nulle part où aller. Essayez de faire un pas vers vous-même. C'est impossible. »

L'Être infini que vous êtes est présent, ici et maintenant. Si vous n'en êtes pas pleinement conscient, c'est uniquement parce que votre mental vous a convaincu que vous êtes une personne. Mais cela est en train de changer, en ce moment même.

« Quand on a réalisé le Soi, on ne peut plus revenir au moment où on ne connaissait pas sa nature. Mais on peut choisir de se laisser absorber une fois de plus dans l'individualité. »
David Bingham

Observez le mental, parce qu'il va tout faire pour vous distraire, en vous disant, par exemple : « Ce n'est pas ce que tu veux. Quel ennui ce serait d'être la Conscience tout le temps ! Va plutôt voir Tom, histoire de t'amuser un peu ! » Il n'y a aucun problème avec le fait de s'amuser, et votre véritable nature adore cela. Quand vous vivez en ayant réalisé votre vrai soi, la Conscience, vous continuez à profiter des plaisirs du monde et à rendre visite à votre ami Tom. À vrai dire, vous ne vous serez jamais autant amusé. Vous rirez beaucoup et vous aurez les mêmes activités qu'avant. La seule différence, c'est que vous vivrez dans un état de bonheur serein qui ne vous quittera plus et que vous ne connaîtrez plus la peur, les soucis, le stress et la tristesse.

« Même si vous deviez devenir astronaute et découvrir de nouvelles galaxies, sachez que ce ne serait pas une plus grande découverte que celle de votre Soi, ici même, sur Terre. »
Mooji, White Fire, *deuxième édition*

Ce que je voudrais vous faire comprendre, c'est que l'Être infini que vous êtes est le « vous » que vous pensez être en cet *instant même*. Il existe une autre version de vous-même que vous devez commencer à devenir si vous voulez être l'Être infini. Quand j'ai fait cette découverte, je cherchais depuis longtemps une autre version de moi-même, jusqu'à ce que je me rende compte que ce qui est conscient à travers mon corps en cet instant même, c'est l'Être infini.

« Vous êtes divin. Il est temps de commencer à vivre en sachant que vous l'êtes. Cessez de prétendre que vous ne l'êtes pas. »
Pamela Wilson

Qui êtes-vous ?

« Nous sommes tous des dieux agissant comme de sacrés idiots. »
Lester Levenson

« La seule et unique finalité dans cette vie, c'est d'être totalement ce que nous sommes. Telle est notre intention secrète, et il nous faudra pour cela abandonner tout ce qui nous semblait indispensable pour atteindre ce but, que ce soit un couple, une maison, des personnes que nous aimons et même le corps. »
Mon maître

Voir son mariage s'effondrer, perdre un être cher, avoir le sentiment que tout s'écroule dans sa vie sont autant de situations qui peuvent nous affliger. Or c'est parfois à travers notre souffrance que nous commençons à nous demander ce qu'est la vie. C'est le cas de nombreux sages éveillés qui ont été amenés à remettre complètement en cause ce qu'était leur existence après avoir traversé d'immenses souffrances, et, en définitive, à découvrir la vérité de leur nature profonde.

Quand vous souffrez énormément, l'idée même que la souffrance qui vous habite puisse vous amener à vivre quelque chose de merveilleux peut sembler difficile à envisager. Le fait est que pour de nombreuses personnes, c'est leur souffrance qui les a conduites dans le paradis de leur être.

« La souffrance peut être une porte pour accéder à la paix. Elle est comme une trappe qui finit par s'ouvrir sous le poids énorme de l'acceptation totale… Ce que nous prenons pour des obstacles à la paix ne sont que des fenêtres qui, une fois ouvertes, nous permettent de retrouver notre soi paisible. Tant que nous ne l'aurons pas compris, des barrières continueront à s'ériger. Et nous les attirerons comme un aimant attire la limaille de fer. L'être humain est puissant. Nous n'en sommes pas suffisamment conscients et c'est bien là le principal obstacle. »
Jan Frazier, When Fear Falls Away

Mais maintenant, vous savez.

« Ce que vous êtes est éternel. Tout le reste n'est qu'un rêve. C'est la raison pour laquelle on dit que s'éveiller, c'est se découvrir soi-même. »
Mooji

« Ce n'est qu'un rêve » est la vérité qui sous-tend tout ce que vous voyez et expérimentez. Ce qui ne veut pas dire, quand vous l'aurez découvert, que vous n'éprouverez plus de compassion envers tous ceux qui subissent des épreuves difficiles. Quand vous connaissez la vérité, la sérénité et la paix qui émanent de vous viennent entourer ces personnes, les réconforter et pénétrer en elles sans qu'il soit nécessaire de parler. Quand vous savez que tout va bien, peu importe ce qu'il se passe, vous êtes enfin délivré de toute négativité de sorte que votre présence est un véritable baume pour le cœur de tous ceux qui souffrent. On dit qu'une personne qui demeure dans la Conscience infinie fait voler en éclats la négativité de millions et de millions de personnes. Tel est le pouvoir de l'amour pur qu'est la Conscience.

« Vous êtes Dieu dans un corps physique. Vous êtes l'Esprit dans la chair. Vous êtes la Vie éternelle qui s'incarne en Vous. Vous êtes un être cosmique. Vous n'êtes que pouvoir. Vous n'êtes que sagesse. Vous n'êtes qu'intelligence. Vous êtes la perfection. Vous êtes la magnificence. »
Le Secret

Vous êtes la Conscience semblable à l'espace qui soutient la planète Terre, le Soleil, les étoiles, les galaxies et l'Univers. Vous êtes le substrat de l'existence.

« Vous cherchez à gauche, à droite, en dehors de vous, mais la réponse à toutes les questions que vous vous posez, c'est ce que vous êtes réellement. Tout dans le monde vous ramène à vous-même. »
Mon maître

« Rien ni personne ne peut vous rendre complet. Vous êtes déjà entier et complet tel que vous êtes maintenant. »
Hale Dwoskin

« Je te le dis devant Dieu : quand tu verras ta beauté, tu ne pourras que t'adorer. »
Rûmî

« La seule chose à faire est de découvrir ce que vous avez déjà. C'est la raison pour laquelle on parle de "réalisation" : vous réalisez ce qui est déjà là, ce qui a toujours été là. »
Jan Frazier, When Fear Falls Away

Depuis que des êtres humains vivent sur la planète Terre, ils se posent les trois mêmes questions : « Qui suis-je ? », « D'où est-ce que je viens ? » et « Où est-ce que je vais ? » La réponse à ces trois interrogations est : la Conscience, la Conscience, la Conscience.

« Tous les êtres naissent de la félicité, vivent dans la félicité et retournent dans la félicité. »
Taittiriya Upanishad

Bienvenue chez vous, l'endroit que vous n'avez jamais quitté !

« N'ayez aucune crainte. Vous n'êtes pas là par hasard. Cette forme est juste un costume que vous portez pendant un temps, mais sachez que celui qui se trouve derrière ce costume est éternel. Lorsque vous en serez intiment persuadé, vous n'aurez plus besoin de vous inquiéter pour un oui ou pour un non. »
Mooji, White Fire, *deuxième édition*

« Ce qui m'est arrivé peut aussi vous arriver. L'idée qu'il est possible d'être libre, de cesser de souffrir, de vivre chaque jour dans une joie permanente, quoi qu'il arrive dans la journée, vous semble peut-être difficile à croire, mais je peux vous assurer que c'est possible. »
Jan Frazier, When Fear Falls Away

Quand votre mental est au repos, c'est l'Être infini et omniscient que vous êtes qui prend les commandes.

« Quand vous êtes en permanence ce que vous êtes – la conscience consciente d'elle-même –, une réponse vous est apportée à chaque question que vous pourriez vous poser. Tout ce que vous avez désiré se réalise. »
Mon maître

Tout vous semblera parfaitement clair. Vous ne serez plus jamais en proie à la confusion ou au doute.

« Nous sommes censés nous servir de notre intuition. Quand vous agissez en vous fondant sur elle, votre vie devient très belle. »
Mon maître

Vous pouvez faire cesser toute la souffrance qui est en vous maintenant. La Conscience vous permet de sortir de la souffrance ; elle est la clé de l'immortalité et d'une vie où il n'y a que rires, joie, abondance, beauté et félicité.

« La lumière d'un être humain qui découvre la vérité éclaire l'humanité pendant des milliers d'années. Tel est le pouvoir de l'être humain qui réalise la vérité de ce qu'il est. »
Mooji

« Bien qu'elles aient été peu connues de leur vivant, certaines personnes ont fait beaucoup de bien autour d'elles, et plus nombreuses encore sont celles dont le nom ne figure pas dans les archives de l'histoire. Or, même si elles ont été oubliées, l'intelligence et l'amour qu'elles ont répandu sur la Terre continuent à nous toucher. Le plus beau cadeau que l'on puisse faire au monde, c'est d'être une source d'amour, de clarté et d'admettre que, pour être cette source, il faut se connaître intimement soi-même. »
Francis Lucille, Truth Love Beauty

« Une personne qui ne détient que l'amour peut s'élever contre le monde entier, parce que l'amour est extrêmement puissant. Il n'est rien d'autre que le Soi. Il est Dieu. »
Lester Levenson et Hale Dwoskin, Happiness Is Free, *volumes 1–5*

Il n'y a qu'une seule source de perfection et cette source, c'est vous ! Quand vous voyez l'amour se manifester dans le monde, réalisez que c'est vous. Quand vous contemplez un magnifique coucher de soleil, sachez que la beauté que vous contemplez, c'est vous. Quand vous voyez le bonheur se manifester dans le monde, réalisez que c'est ce que vous êtes. Quand vous entendez un rire, sachez que c'est la joie infinie que vous êtes qui se manifeste. Quand vous regardez l'incroyable myriade de formes de vie qui existent à travers le monde, sachez que la vie qui les anime est l'Être infini que vous êtes aussi. Il n'y a rien dans l'existence hormis le seul et unique Être infini, qui est pure Conscience. Et c'est ce que vous êtes.

En fin de compte, chaque instant et chaque situation que vous êtes amené à vivre vous indiquent où se trouve votre véritable demeure, dans la Conscience. Chaque fois qu'une situation vous contrarie, c'est toujours un signal vous avertissant que vous faites fausse route en croyant quelque chose de faux. Nous sommes le « fils prodigue ». Nous avons trébuché, nous avons été malmenés, nous avons eu peur, nous avons souffert et nous sommes tombés à de nombreuses reprises, mais, en fin de compte, nous devons tous réaliser, nous remémorer et reconnaître ce que nous sommes vraiment – la Conscience éternelle – et nous souvenir qu'il n'y a de fin pour personne.

Il n'y a que cette vérité simple et néanmoins merveilleuse que très peu connaissent.
Tel est Le Plus Grand Secret.

Sans fin

CHAPITRE 12 *Résumé*

- *La mort telle que nous la concevons n'existe pas. Le corps meurt, mais l'esprit ne peut être affecté par elle.*
- *Mourir avant de mourir signifie abandonner définitivement l'*idée *d'être une personne et réaliser la Conscience infinie que vous êtes réellement.*
- *Lorsque le corps cesse, la Conscience demeure telle qu'elle a toujours été, pleinement consciente et vivante.*
- *Lorsqu'on connaît la vérité, la vie devient plus légère et plus facile ; elle est pleine de rires, d'un amour débordant et d'une joie infinie. Vous éprouvez de la compassion et un amour profond pour l'humanité et tous les êtres vivants.*
- *Votre soi véritable est la* seule *chose permanente dans l'existence. Tout le reste vient et repart, apparaît et disparaît.*
- *Avoir une vie sur terre, c'est un peu comme avoir un avatar dans un jeu vidéo. Dans notre vie humaine, nous avons un nouveau corps chaque fois que nous mourons, jusqu'à ce que nous ayons « fini de jouer ». Le jeu se termine lorsque nous réalisons pleinement ce que nous sommes : la Conscience.*
- *Quand vous vivrez en ayant réalisé votre vrai soi, vous vous amuserez comme jamais vous ne vous étiez amusé auparavant et vous aurez les mêmes activités. La seule différence, c'est que vous vivrez dans un état de bonheur et de paix qui ne vous quitteront plus.*
- *Le seul but dans la vie est d'être pleinement ce que nous sommes.*

- *C'est bien souvent à travers notre souffrance que nous commençons à nous demander ce qu'est la vie. Pour de nombreuses personnes, c'est leur souffrance qui les a conduites dans le paradis de leur être.*

- *Quand vous savez que tout va bien, peu importe ce qu'il se passe, vous êtes enfin délivré de toute négativité de sorte que votre présence est un véritable baume pour le cœur de tous ceux qui souffrent.*

- *La Conscience vous permet de sortir de la souffrance ; elle est la clé de l'immortalité et d'une vie où il n'y a que rires, joie, abondance, beauté et félicité.*

- *Quand vous voyez l'amour se manifester dans le monde, réalisez que c'est ce que vous êtes.*

- *Chaque fois qu'une situation vous contrarie, voyez-y un signal vous avertissant que vous faites fausse route en croyant quelque chose qui est faux.*

- *En fin de compte, nous devons tous réaliser, nous remémorer et reconnaître ce que nous sommes vraiment – la Conscience éternelle.*

[illegible] Dels [illegible]

[illegible] and [illegible]

[illegible] it blows [illegible] so and you can't [illegible]

[illegible] the most concealed [illegible] the greatest [illegible]

[illegible] hidden in plain sight [illegible] more hidden

most [illegible] than the most evident [illegible]

[illegible] this... this great [illegible]

[illegible] the close [illegible] that

[illegible] escaped [illegible] impossible [illegible]

of emotional and mental turmoil [illegible]

[illegible] the ultimate power you have over every [illegible] in [illegible]

[illegible] the most obvious element of experience and yet th[illegible]

[illegible] the secret of secrets... the end of delusion [illegible]

you can't see it [illegible] your mind can't understand [illegible]

[illegible] you can't [illegible] it... so good you can't [illegible]

more hidden than the most concealed... this [illegible] great [illegible]

[illegible] human [illegible] can make [illegible] hidden

hidden than the most concealed... m[illegible]

[illegible] things... this [illegible]

that secret is in plain view for every one

Pratiques proposées dans
LE PLUS GRAND SECRET

Affirmation :
« J'ai décidé d'être pleinement conscient de ma véritable nature, la Conscience. J'ai choisi d'accomplir mon destin et de vivre dans la joie de la Conscience infinie que je suis. J'ai pris la décision de réaliser pleinement la Conscience pure, indestructible et éternelle que je suis. »

- *La pratique de la Conscience*
  Première étape : demandez-vous : « Suis-je conscient ? »
  Deuxième étape : remarquez la Conscience.
  Troisième étape : demeurez en tant que Conscience.

- *Portez votre attention sur la Conscience en étant conscient de celle-ci aussi souvent que possible à différents moments de la journée.*

- *Consacrez au minimum cinq minutes par jour à diriger votre attention sur la Conscience, que ce soit le matin au réveil ou le soir avant d'aller vous coucher, ou à tout autre moment qui vous convient.*

- *Remettez en cause* chaque *émotion négative en vous posant la question suivante : « Suis-je cela, ou suis-je celui qui est conscient de cela ? »*

- *Vous pouvez utiliser cette question (« Suis-je cela, ou suis-je celui qui est conscient de cela ? ») pour toute pensée négative ou sensation corporelle douloureuse.*

- *La super pratique*
  Première étape : accueillez tout ce qui est négatif.
  Deuxième étape : demeurez en tant que Conscience.

- *Posez-vous la question : « Suis-je celui qui souffre, ou suis-je celui qui est conscient de la souffrance ? » La vérité est que vous êtes celui qui est* conscient *de la souffrance et non celui qui l'endure.*

- *Soyez très attentif quand vous vous entendez dire « Je crois » ou « Je ne crois pas », car ce qui suivra sera une croyance.*

- *Soyez très attentif quand vous vous entendez dire « Je pense » ou « Je ne pense pas », car, la plupart du temps, ce qui suivra sera aussi une croyance.*

- *Vous pouvez donner à votre mental subconscient l'instruction d'être attentif à vos croyances : « Montre-moi clairement mes croyances l'une après l'autre, afin que je puisse être conscient de chacune d'elles. »*

- *Pour déceler vos croyances, soyez attentif à vos réactions.*

- *Accueillez toute résistance.*

- *Pour vous libérer de vos attachements ou de vos problèmes, accueillez-les et demeurez en tant que Conscience.*

- *Si vous n'êtes pas heureux, souvenez-vous d'accueillir tout sentiment autre que le bonheur et laissez-le être présent sans chercher à le changer ou à vous en débarrasser.*

- *La Conscience dit « oui » à absolument tout. Elle laisse chaque chose être comme elle est, parce que le monde et tout ce qu'il contient est la Conscience, ce que nous sommes réellement.*

- *Arrêtez-vous et soyez présent en cet instant même, parce que la Conscience ne peut être reconnue que dans le moment présent !*

« Quoi qu'il vous arrive,

cette joie sans cause perdurera. »

—Jan Frazier

Auteurs cités dans
LE PLUS GRAND SECRET

J'éprouve une immense gratitude d'être sur terre en même temps que les incroyables maîtres encore en vie cités dans ce livre. Ils ont tous dédié leur existence à *notre* liberté et à *notre* bonheur. Pour beaucoup d'entre eux, ils le font depuis des décennies. Se trouver en leur présence, c'est sentir l'amour et la joie qui émanent d'eux et nous touchent au cœur, parce qu'à travers eux, nous entrevoyons ce qu'est notre véritable nature. Si vous avez l'occasion d'être en présence d'un de ces maîtres, saisissez-la ! Et si vous ne pouvez pas les rencontrer en personne, vous pourrez toujours entrer en contact avec certains d'entre eux sur Internet. C'est toujours mieux que rien.

S'éveiller à sa propre nature n'a jamais été aussi facile qu'aujourd'hui. Il est en effet possible pour chacun et chacune d'entre nous de prendre le chemin qui nous ramène à la maison. Comme ce ne sera peut-être pas aussi évident plus tard – qui sait ? –, nous devrions profiter autant que possible du moment présent et de la vie telle qu'elle est maintenant ainsi que des enseignements si inspirants de ces maîtres.

BOB ADAMSON, « LE MARIN »

Bob Adamson, « le marin », est australien. Il vit à Melbourne, ma vie natale. Ce n'est qu'en 2016 que j'ai entendu parler de lui pour la première fois, alors que j'avais déjà découvert ce que nous sommes réellement. Je vivais alors aux États-Unis. Quand j'habitais à Melbourne, je passais chaque jour en voiture devant la maison de Bob Adamson, « le marin », sans savoir qu'elle était celle d'un maître ayant réalisé sa véritable nature et qu'il allait jouer un jour un rôle très important dans ma vie. Quand j'ai découvert son existence en 2016, j'ai décidé de prendre aussitôt un avion pour lui rendre visite en Australie. Il avait quatre-vingt-six ans à l'époque et j'ai pu assister à plusieurs de ses séminaires et le rencontrer en entretien privé. Chaque fois que j'ai vu Bob Adamson, « le marin », je me suis sentie plus légère, plus heureuse et plus libre. Je venais tout juste de m'éveiller spirituellement et je ne comprenais pas encore très bien tout ce qu'il me disait, même si, maintenant, tout me paraît parfaitement clair. Bob Adamson, « le marin », a réalisé sa véritable nature il y a plusieurs dizaines d'années alors qu'il séjournait en Inde et qu'il était un des disciples de Nisargadatta Maharaj. Depuis, Bob Adamson, « le marin », donne des enseignements chez lui pour toutes celles et tous ceux qui veulent connaître la vérité. Il est aujourd'hui âgé de plus de quatre-vingt-dix ans et continue d'organiser des rencontres. La question qu'il pose – « Quel est le problème maintenant, si vous n'y pensez pas ? » – fait partie des paroles les plus simples et les plus profondes qu'il m'ait été donné d'entendre. Il est l'auteur de deux livres : *Quel est le problème maintenant, si vous n'y pensez pas ?* et *Presence-Awareness: Just This and Nothing Else.* Vous trouverez les enseignements précieux de Bob Adamson, « le marin », sur son site Internet : sailorbobadamson.com.

JULIAN BARBOUR

Julian Barbour est un physicien britannique. Il est l'auteur de trois ouvrages : *The End of Time: Revolution in Our Understanding of the Universe*, qui explore l'idée du temps comme étant une illusion, *The Discovery of Dynamics*, qui a trait au contexte dans lequel Newton a fait ses découvertes et *The Janus Point*, son dernier livre, qu'il a terminé à l'âge de quatre-vingt-trois ans. Son site Internet est le suivant : platonia.com.

DAVID BINGHAM

David Bingham est britannique. En quête spirituelle depuis des décennies, c'est en écoutant un podcast d'enseignements de John Wheeler qu'il s'est éveillé à son être véritable. Et c'est en regardant un entretien de David Bingham sur Conscious TV au sujet de son expérience que j'ai commencé moi-même à m'éveiller. Après l'avoir écouté, j'ai suivi point par point les étapes qu'il indiquait et j'ai pris connaissance du podcast de John Wheeler. Ce n'est qu'ensuite, lors d'une conversation téléphonique avec lui, que j'ai été amenée à faire l'expérience de la Conscience et à voir la réalité de ce que je suis. À travers ses enseignements, David Bingham aide de nombreuses personnes à réaliser leur véritable nature. Son livre, *Conversations on Non-duality* est tiré de ses entretiens sur Conscious TV. Pour en savoir plus sur les merveilleux enseignements de David Bingham, vous pouvez consulter son site Internet : nonconceptualawareness.com.

DEEPAK CHOPRA™, M.D., FACP

Deepak Chopra™, un endocrinologue reconnu par ses pairs, a commencé par mener des recherches en Inde et aux États-Unis. Déçu par la médecine occidentale, il s'est tourné vers la médecine holistique et a fondé en 1995 le Chopra Center for Wellbeing qui deviendra Chopra Global. Cette entreprise de santé holistique s'est donné pour mission de permettre à tous ceux qui le souhaitent d'accomplir une transformation personnelle de façon à contribuer au bien-être de millions de personnes à travers le monde. Il est l'auteur de plus de quatre-vingt-dix livres, parmi lesquels de nombreux best-sellers.

La première fois que j'ai entendu Deepak Chopra parler, c'était lors du séminaire « Science and Nonduality ». Je me souviens encore comme je me suis levée avec toute la salle pour l'applaudir à la fin de sa conférence. Vous trouverez ses très nombreux enseignements sur son site Internet : deepakchopra.com.

ANTHONY DE MELLO S.J.

Anthony (dit Tony) de Mello S.J., qui n'est plus parmi nous aujourd'hui, était un prêtre jésuite né à Bombay, en Inde. Bien qu'il n'ait vécu physiquement que cinquante-cinq ans sur la planète, ses enseignements n'ont jamais été aussi vivaces. Anthony de Mello S.J. savait comme nul autre associer les spiritualités occidentale et orientale, et ses enseignements sont une source d'inspiration et de changement. Il s'adressait essentiellement à un public catholique ou chrétien et a repris de nombreux enseignements de la Bible en éclairant leur sens. Cette qualité, liée à son immense talent pour raconter des histoires, a permis à d'innombrables personnes de s'éveiller à la vérité. Les livres d'Anthony de Mello S.J., qui sont des best-sellers depuis la mort de sa forme physique, en 1987, se sont vendus à des millions d'exemplaires. Je vous recommande : *Appel à l'amour, Sadhana : un chemin vers Dieu, Une minute de sagesse, Comme un chant d'oiseau, Heart of the Enlightened, Wellsprings* et *Taking Flight*. Pour découvrir ses enseignements, je vous conseille de commencer par *Quand la conscience s'éveille* et *Redécouvrir la vie*. Il existe également des enregistrements vidéo qui permettent de voir Anthony de Mello S.J. enseigner, toujours avec un sourire dans la voix et le cœur rempli d'amour. Son site Internet est une merveille : demellospirituality.com.

HALE DWOSKIN

Hale Dwoskin a étudié avec le légendaire Lester Levenson qui l'a désigné pour poursuivre son œuvre. Il est l'un des auteurs ayant contribué au livre

Le Secret. Hale Dwoskin a consacré sa vie à continuer le travail de Lester Levenson en mettant au point la méthode Sedona pour aider toutes celles et tous ceux qui le souhaitent à réaliser leur véritable nature. Cette méthode a fait ses preuves puisqu'elle a permis à de nombreuses personnes de transformer leur vie. Hale Dwoskin propose régulièrement des retraites lors desquelles il forme les gens à se libérer de la négativité afin de réaliser leur vrai soi. Une grande partie de mon propre cheminement a consisté à pratiquer le lâcher-prise. Vous trouverez tous les enseignements de Hale Dwoskin et de Lester Levenson dans les ouvrages *The Sedona Method* et *Happiness Is Free* volumes 1–5. Hale Dwoskin propose des retraites chaque année aux États-Unis, où il vit, et à travers le monde. Ses discours, ses téléconférences et ses retraites sont accessibles en ligne, et c'est ainsi que j'en ai moi-même largement profité. Ils sont tous archivés et disponibles sur son site Internet : sedona.com.

PETER DZIUBAN

Peter Dziuban est auteur et conférencier dans le domaine de la Conscience et de la spiritualité. Il est né aux États-Unis et vit en Arizona. J'ai entendu parler de lui pour la première fois quand mon maître m'a recommandé son ouvrage *Consciousness Is All*. J'ai commencé par le lire, puis je l'ai écouté sous forme audio, version dans laquelle Peter donne spontanément des heures et des heures d'enseignements. *Consciousness Is All* est un livre incroyable dont certains passages sont littéralement stupéfiants. Je me sens extrêmement reconnaissante d'avoir pu lire cet ouvrage parce qu'il m'a totalement bousculée, ce qui est une très bonne chose ! Si vous êtes prêt à aller plus loin, ce livre est fait pour vous. En revanche, si vous êtes débutant et que vous souhaitez avoir un aperçu des enseignements de Peter Dziuban sous une forme plus simple d'accès, je vous conseille de commencer par son livre *Simply Notice*. Son site Internet est : peterdziuban.com.

JAN FRAZIER

Jan Frazier, qui est à la fois écrivaine, enseignante et mère, a vécu une transformation radicale de la conscience en 2003. Alors qu'elle venait de passer des années à craindre qu'on lui diagnostique un cancer, la peur l'a soudain désertée et elle s'est retrouvée plongée dans un état de joie sans cause qui ne l'a plus jamais quittée. C'est ainsi qu'elle a découvert qu'il est possible de vivre une existence merveilleuse et exempte de souffrance. Son souhait maintenant est de faire découvrir la vérité qui réside en chacun et chacune d'entre nous. J'ai eu la chance de la rencontrer lors d'un entretien privé et j'ai lu tous ses magnifiques livres. *When Fear Falls Away: The Story of a Sudden Awakening* est le récit de son éveil jour après jour. Elle est *également* l'autrice de *The Freedom of Being: At Ease with What Is, The Great Sweetening: Life After Thought* et *Opening the Door: Jan Frazier Teachings on Awakening*. Jan Frazier est une femme très accessible, pleine de poésie, et une écrivaine de talent, comme on peut le voir dans les extraits de ses ouvrages cités dans ce livre qu'elle m'a gracieusement autorisée à reproduire. Pour en savoir plus sur ses enseignements, vous pouvez vous rendre sur son site Internet : janfrazierteachings.com.

JOEL S. GOLDSMITH

Joel S. Goldsmith est un auteur spirituel et un mystique américain extrêmement apprécié. Son livre, *La Voie infinie*, est devenu un classique qui a transformé la vie de nombreuses personnes à travers le monde, y compris la mienne. Joel S. Goldsmith est l'auteur de nombreux autres ouvrages. Vous trouverez sur son site Internet des enregistrements originaux des conférences qu'il a données et que ses trois enfants ont préservées avec amour : joelgoldsmith.com.

DR. DAVID R. HAWKINS, M.D., PH.D.

Le Dr Hawkins était un psychiatre américain de renommée mondiale, mais il était aussi médecin, chercheur, enseignant en spiritualité et conférencier. Grâce à sa formation en sciences et en médecine, ses enseignements spirituels étaient particulièrement intéressants. J'ai entendu parler de lui pour la première fois il y a quinze ans quand j'ai lu son livre *Pouvoir contre force* qui m'a fait une très forte impression. Un an plus tard, j'ai suivi ses enseignements en écoutant des conférences et en lisant son livre *Letting Go*. Il est également l'auteur de *Book of Slides* ; *Healing and Recovery* ; *Reality, Spirituality and Modern Man* ; *Transcending the Levels of Consciousness* ; *Discovery of the Presence of God* et *Truth vs Falsehood*. Le Dr Hawkins était un auteur prolifique et il a donné des conférences qui ont touché la vie de nombreuses personnes à travers le monde. Depuis la mort de sa forme physique, son épouse, Suzanne, s'emploie à garder vivants ses très précieux enseignements. N'hésitez pas à vous plonger dans ses enseignements et ses travaux de recherche en consultant son site Internet : veritaspub.com.

MICHAEL JAMES

Dès son plus jeune âge, Michael James se posait toutes sortes de questions. À dix-neuf ans, il s'est lancé dans un périple qui l'a amené à voyager dans de nombreux endroits, notamment dans l'Himalaya et en Inde où il s'est rendu dans des lieux saints et a séjourné dans des ashrams pour découvrir le but et le sens de la vie. C'est à Tiruvannamalai, en Inde, alors qu'il était venu passer plusieurs jours dans l'ashram de Ramana Maharshi décédé quelques décennies plus tôt, qu'il a lu le livre du maître *Who Am I?* et trouvé ce qu'il cherchait. Il y est finalement resté vingt ans et a appris le tamoul pour traduire les enseignements de Ramana Maharshi, une activité qu'il a poursuivie toute sa vie. J'ai entendu parler de Michael James en regardant un entretien de lui sur Conscious TV. Je me suis aussitôt empressée de lire son ouvrage, *Happiness and the Art of Being*, dans lequel il nous livre la quintessence des enseignements de Ramana, l'œuvre de sa vie. Son site Internet est : happinessofbeing.com.

BYRON KATIE

Byron Katie menait une vie américaine typique – elle s'était mariée deux fois, elle avait trois enfants et avait réussi professionnellement –, quand elle a sombré dans une spirale de dépression, d'agoraphobie, de dégoût de soi et de désespoir suicidaire qui a duré dix ans. Alors qu'elle venait d'être admise dans une maison de repos, elle s'est réveillée environ une semaine plus tard libérée de sa dépression et de la peur qui l'envahissait. Elle exultait littéralement de joie, sentiment qui ne l'a par la suite plus jamais quittée. Elle venait de prendre conscience que chaque fois qu'elle croyait ses pensées, elle souffrait, mais que lorsqu'elle les remettait en question, elle ne souffrait pas, et qu'il en est de même pour tous les êtres humains. Forte de son expérience, Byron Katie a mis au point quatre questions, ce qu'elle a appelé « Le Travail ». Ces enseignements ont permis à des centaines de milliers de personnes à travers le monde de se libérer de la souffrance. Je m'en suis servie pour remettre en cause mes propres pensées et j'ai eu la chance de participer à plusieurs séminaires où j'ai pu voir Byron Katie utiliser ses quatre questions pour délivrer les gens de leurs croyances. Ses ouvrages sont notamment *Aimer ce qui est ; Libre : un mental en paix avec lui-même ; Les Mille Visages du bonheur ; J'ai besoin que tu m'aimes, est-ce vrai ? ; Un univers qui vous veut du bien* et, pour les enfants, *Tigrou-Tigrou, est-ce bien vrai ? et Les Quatre Questions.* Pour en savoir plus sur les merveilleux enseignements de Byron Katie, vous pouvez consulter son site Internet : thework.com.

LOCH KELLY

Les enseignements de Loch Kelly associent sagesse et travaux de recherche dans le champ de la psychologie et des neurosciences pour nous guider vers une vie éveillée. Après avoir exploré différentes traditions et étudié auprès de plusieurs maîtres, Loch a réalisé un jour sa véritable nature. Il se fonde sur sa propre expérience, qui l'a amené à vivre dans la joie, la liberté et l'amour, pour aider les gens à s'éveiller à la prochaine étape naturelle du développement humain. Il est l'auteur de *Shift into Freedom* et *The Way of Effortless Mindfulness*. Vous trouverez également des enseignements, des retraites, des vidéos en ligne ainsi que des cours sur son site Internet : lochkelly.org.

JIDDU KRISHNAMURTI

Jiddu Krishnamurti, né en Inde (1895-1986), connaissait sa véritable nature dès son plus jeune âge. Il est considéré comme l'un des plus grands penseurs et enseignants spirituels de tous les temps. Comme mon ex-mari écoutait ses enseignements, j'y ai été exposée entre mes vingt et quarante ans, lorsqu'on vivait ensemble. Après avoir écrit *Le Secret*, j'ai entamé mon parcours spirituel et c'est à cette occasion que je suis retournée aux enseignements de Krishnamurti. Je pouvais enfin les comprendre. Bon nombre d'auteurs cités dans ce livre ont été influencés par ses enseignements. Ce maître a passé sa vie à donner des conférences dans le monde – s'adressant à de larges auditoires autant qu'à des publics d'écrivains, de scientifiques, de philosophes, de responsables religieux et d'éducateurs – pour prôner la nécessité d'un changement radical dans l'humanité. Ce qui l'intéressait, c'était l'humanité tout entière. Il n'avait ni nationalité ni croyance et n'appartenait ni à groupe ni à une culture en particulier. Krishnamurti nous a laissé un vaste corpus d'enseignements sous forme de conférences publiques, d'essais, d'échanges maître-élève, d'entretiens à la télévision et à la radio et d'écrits épistolaires. La plupart de ses enseignements ont été édités sous forme de livres, traduits en plus de cinquante langues, et il existe également plus d'une centaine d'enregistrements audio et vidéo.

Pour en savoir plus sur les merveilleux enseignements de Krishnamurti, vous pouvez consulter le site Internet : jkrishnamurti.org.

DR. ROBERT LANZA, M.D.

Le Dr Robert Lanza est considéré comme l'un des pères du champ de la biologie appliquée des cellules souches. Il est à l'origine de centaines d'articles et de contributions et il est l'auteur de plus de trente ouvrages scientifiques, notamment *Biocentrism* dans lequel il explique en avançant des arguments irréfutables que la conscience n'est pas un sous-produit de l'Univers, mais son fondement même. Si vous recherchez une perspective scientifique brillante sur cette question, vous ne pourrez plus lâcher son livre *Biocentrism: How Life and Consciousness Are the Keys to Understanding the True Nature of the Universe.* Vous y trouverez une réponse à toutes les questions que vous pourriez vous poser. Le Dr Lanza a été récompensé par de nombreux prix pour ses travaux. Il a été reconnu par le magazine *Time* comme l'une des cent personnalités les plus influentes au monde, et le magazine *Prospect* l'a classé dans sa liste des « cinquante penseurs du monde ». Il a été décrit comme un génie et un penseur rebelle, et on le compare à Einstein. Pour en savoir plus sur l'exceptionnel Dr. Robert Lanza, M.D, vous pouvez consulter son site Internet : robertlanza.com.

PETER LAWRY ET KALYANI LAWRY

Peter et Kalyani Lawry sont australiens et vivent à Melbourne, ma ville natale. Après avoir été en quête spirituelle pendant plusieurs années et séjourné en Inde, ils ont tous deux réalisé leur nature profonde. Il est rare que dans un couple les deux partenaires se soient éveillés à leur vrai soi, et c'est certainement ce qui explique la saveur si particulière des séminaires qu'ils organisent ensemble à Melbourne. Quand je me suis rendue là-bas il y a quelques années, j'ai passé un après-midi avec Peter et Kalyani qui m'a profondément marquée et j'ai eu la chance d'avoir plusieurs entretiens téléphoniques avec Kalyani. Ils sont les auteurs du livre *A Sprinkling of Jewels* et Kalyani Lawry a aussi écrit *Only That*. Pour en savoir plus, vous pouvez consulter leur site Internet : nonduality.com.au.

LESTER LEVENSON

Lester Levenson, la légende ! Il est la preuve de ce qui se passe dans un corps malade quand il est pénétré par la lumière de la vérité. Lester aimait dire : « Le mal-être dans le corps est le mal-être dans le mental. » Il a été une source d'inspiration pour des milliers et des milliers de gens et, bien après la mort de sa forme physique dans les années 1990, ses enseignements continuent à inspirer et libérer de nombreuses personnes de la souffrance. Ceux-ci sont très simples et très clairs, et c'est la raison pour laquelle ils continueront à guider les gens vers l'éveil pendant des siècles. Il nous a également laissé son principal groupe d'étudiants les plus proches qui ont comme lui réalisé leur vraie nature et sont devenus à leur tour des enseignants. L'un d'eux est Hale Dwoskin, à qui Lester a confié la mission de poursuivre son œuvre. Je lui suis extrêmement reconnaissante de m'avoir autorisée à reproduire dans ce livre les enseignements à la fois simples et puissants que Lester nous a offerts. Ces enseignements ont joué un rôle déterminant dans ma vie et continuent de le faire. La majorité des citations de Lester Levenson que vous trouverez dans ce livre sont tirées de *Happiness Is Free*, volumes 1–5, coécrit par Lester Levenson et Hale Dwoskin. Pour en savoir plus sur cet enseignant merveilleux, vous pouvez consulter le site Internet : sedona.com.

FRANCIS LUCILLE

Né en France, Francis Lucille vit aujourd'hui aux États-Unis. Il a réalisé sa véritable nature à l'âge de trente ans en rencontrant son maître, Jean Klein, qui lui a suggéré de partir vivre aux États-Unis pour enseigner et répandre la vérité. Comme Francis Lucille a fait des études de physique à l'École polytechnique, en France, il apporte une perspective scientifique claire à ses enseignements. Il a aidé un nombre infini de personnes à s'éveiller à leur être profond en donnant des enseignements précis, clairs et d'une grande beauté, notamment à son élève Rupert Spira, qui est lui aussi abondamment cité dans ce livre. J'ai participé à plusieurs retraites avec Francis Lucille en Californie et j'ai eu aussi l'immense plaisir de passer quelques heures en sa compagnie, chez lui. Il organise des retraites chaque année en Europe et aux États-Unis. Il propose également des entretiens individuels (le plus souvent le week-end) qui sont retransmis en live sur Internet. Vous pouvez ainsi prendre part à ces rencontres et faire l'expérience de la présence accueillante de cet enseignant merveilleux. Il est l'auteur des livres *Le Sens des choses*, *Truth Love Beauty* et *The Perfume of Silence.* Je les ai tous lus et relus. Vous trouverez sur son site Internet de nombreux enseignements qu'il a donnés lors de rencontres et de retraites : advaitachannel.francislucille.com.

SHAKTI CATERINA MAGGI

Shakti Caterina Maggi s'est éveillée en 2003 et enseigne depuis près de dix ans. Elle partage le message de l'éveil à notre véritable nature qui est l'Unique Conscience. Elle est italienne et vit en Italie. Elle organise des retraites et des rencontres en Europe et dans d'autres régions du monde et propose également des webinaires. Ses entretiens sont en italien et parfois en anglais. J'ai rencontré Shakti Caterina Maggi pour la première fois lors d'une conférence spirituelle à laquelle je participais, et j'ai été très impressionnée par ses paroles et sa présence. Elle est citée dans le livre *On the Mystery of Being*. Elle est l'autrice d'un blog en anglais et vous trouverez de nombreux articles inspirants sur son site Internet : shakticaterinamaggi.com.

RAMANA MAHARSHI

Ramana Maharshi est une légende. En 1896, il a seize ans quand il est soudain assailli par une peur intense de la mort et décide de se coucher par terre pour l'accueillir pleinement. C'est ainsi qu'il a réalisé sa nature profonde et compris ce qu'il était réellement : l'Esprit qui ne meurt jamais. Depuis ce jour, la personne extérieure qu'il semblait être n'existait plus que dans le regard des autres et il n'y avait plus pour lui que l'espace infini de la conscience. Les enseignements de Ramana Maharshi révèlent la voie directe vers l'éveil par l'investigation de la question « Qui suis-je ? », une méthode utilisée par de nombreux enseignants cités dans ce livre. Ses enseignements pointent vers ce que nous sommes foncièrement, la seule réalité de tout ce qui existe. Je fais simplement partie des nombreuses personnes dont la vie a été transformée par ses enseignements. Pour en savoir plus sur cet être remarquable, vous trouverez sur son site Internet de très nombreux ouvrages à télécharger gratuitement : sriramanamaharshi.org.

MOOJI

Né en Jamaïque, Mooji est parti vivre à Londres alors qu'il était adolescent. Il habite aujourd'hui au Portugal où il a créé le Monte Sahaja, Center for Self-Realization. Mooji a commencé à s'éveiller spirituellement en 1987, lors de sa rencontre avec un mystique chrétien, et a réalisé pleinement ce qu'il était en 1993 aux pieds de son maître Papaji, le célèbre sage indien. Il est devenu depuis un guide spirituel pour d'innombrables personnes à travers le monde en quête de leur véritable nature. Ses enseignements profonds sont largement suivis aux quatre coins du globe, en particulier sur YouTube où l'on trouve des vidéos de ses entretiens en libre accès. Son sens de l'humour, son recours à des analogies et à des métaphores pour illustrer ses propos, son talent pour raconter des histoires dont il se sert abondamment pour éclairer la vérité sont autant d'éléments qui rendent ses enseignements particulièrement accessibles. Comme beaucoup, j'ai regardé des centaines de ses discours en ligne. Je suis aussi allée au Portugal avec ma fille pour participer à plusieurs de ses retraites, et c'est lors de l'une d'elles que ma fille a fait l'expérience de ce qu'elle était réellement. Je ne peux donc que vous recommander ses enseignements… Il est l'auteur de *Plus vaste que le ciel, plus grand que l'espace*, *Une invitation à la liberté* (un très grand « petit » livre pour réaliser sa véritable nature), *White Fire* (deuxième édition) et *The Mala of God*. Vous trouverez sur son site Internet les ouvrages et de nombreux enseignements de cet être merveilleux : mooji.org.

MON MAÎTRE

Mon maître a souhaité rester anonyme. Elle a étudié avec Lester Levenson et Robert Adams, deux de mes maîtres favoris qui ne sont plus parmi nous aujourd'hui. Il y a quatre ans, lorsque je l'ai rencontrée pour la première fois, j'ai ressenti une joie immense en sa présence. Quand on éprouve ce genre de félicité, on ne veut plus qu'elle nous quitte. Cette béatitude est notre véritable nature. Malheureusement, cette joie indescriptible n'a pas duré, parce que mon mental a progressivement repris le dessus, avec l'insatisfaction et le stress qui l'accompagnent. Mais en suivant religieusement les conseils et les pratiques de mon maître (ils sont tous indiqués dans ce livre) et en étant régulièrement en sa présence, mon mental a cessé peu à peu d'exercer son emprise. Je vis maintenant dans un état de paix et de bonheur la plupart du temps, et je sais qu'il peut en être ainsi pour tout le monde.

JAC O'KEEFFE

D'origine irlandaise, Jac O'Keeffe s'est installée en Floride après avoir découvert la vérité et réalisé sa nature profonde il y a une dizaine d'années. Elle donne des enseignements merveilleux, clairs et sans détour lors de retraites, d'ateliers ou d'entretiens privés dans lesquels elle ne cesse de repousser les frontières du mental conditionné. Je l'ai découverte sur Internet il y a quelques années et ses enseignements ont été pour moi une grande bouffée d'air frais. J'ai également eu la chance d'assister à plusieurs de ses séminaires. Vous pourrez découvrir l'œuvre de Jac O'Keeffe en lisant ses livres inspirants *Nés pour être libres* et *How to Be a Spiritual Rebel.* Comme tous les maîtres cités dans ce livre, Jac O'Keeffe consacre sa vie à libérer l'humanité de la souffrance inutile causée par le mental afin de permettre à tout un chacun de vivre dans la joie et le bonheur de son vrai soi. Son site Internet est : jac-okeeffe.com.

MAX PLANCK

Le physicien allemand Max Planck avait déjà largement contribué au champ de la physique théorique quand il s'est fait connaître par ses travaux sur l'énergie quantique. Ceux-ci ont été récompensés par le prix Nobel en 1918 pour avoir révolutionné la compréhension humaine des processus atomiques et subatomiques.

SRI POONJA

Sri Poonja, que ses disciples – parmi lesquels Mooji – appellent affectueusement « Papaji », est né en Inde. Attiré par la spiritualité dès sa plus tendre enfance, il a vécu sa première expérience spirituelle à l'âge de neuf ans. Sa quête spirituelle n'a pris fin que trente ans plus tard, lorsqu'il a rencontré Ramana Maharshi et réalisé ce qu'il était réellement. Dans les années 1980 et 1990, des milliers de personnes ont fait le voyage jusqu'à Lucknow, en Inde, pour s'imprégner de son énergie. Papaji a quitté son corps en 1997. Pour en savoir plus sur ses enseignements, vous pouvez consulter son site Internet : avadhuta.com.

ORDRE DE LA ROSE-CROIX

Dès l'avant-propos et tout au long de ce livre, j'évoque les enseignements de l'Ordre de la Rose-Croix dont le siège est situé aux îles Canaries, en Espagne. J'ai été membre honoraire de cette association qui s'est donné pour mission d'élever la conscience de l'humanité. Cet Ordre a été fondé en Europe au XIVe siècle, mais ses racines spirituelles remontent aux anciennes écoles de sagesse qui prospéraient à Babylone, en Égypte, en Grèce et à Rome et peut-être même avant. Les membres de l'Ordre œuvrent en silence depuis des siècles, parfois au péril de leur vie, pour libérer l'humanité de sa souffrance en lui dévoilant la vérité. Francis Bacon a été Imperator de l'Ordre de la Rose-Croix, de même qu'Isaac Newton, pour ne citer que ces deux noms célèbres. L'Imperator actuel, Angel Martin Velayos, a été mon mentor pendant des années. Les enseignements de l'Ordre que j'ai étudiés pendant dix ans, jusqu'au vingt-deuxième niveau des enseignements en anglais, m'ont énormément aidée à voir et à comprendre la vérité. Pour en savoir plus sur l'Ordre, voir : www.rosicrucian-order.com.

RÛMÎ

Rûmî était un mystique et un poète soufi du XIIIe siècle. Son influence et celle de ses écrits magnifiques sur la vérité transcendent toutes les frontières de la religion, de la géographie et des traditions spirituelles. Ses poèmes sont toujours aussi appréciés de nos jours à travers le monde.

PETER RUSSELL

Après avoir fait des études de physique et de mathématiques à l'université de Cambridge, Peter Russell a consacré sa vie à étudier les sciences et les traditions spirituelles. Il est l'auteur de nombreux ouvrages, dont *The Global Brain, The TM Technique, Waking Up in Time, From Science to God* et *The Consciousness Revolution*. J'ai eu le plaisir d'assister à la conférence qu'il a donnée dans le cadre du séminaire « Science and Nonduality », à San José. Vous trouverez sur son site Internet des conférences en libre accès ainsi que de nombreux enseignements : peterrussell.com.

RUPERT SPIRA

Rupert Spira est britannique. Il vit en Angleterre où il propose régulièrement des séminaires et des retraites. Il organise également chaque année de nombreuses retraites en Europe et aux États-Unis. Rupert est un artiste céramiste. Après vingt ans de pratique spirituelle et de méditation, c'est en rencontrant son maître, Francis Lucille, qu'il a reconnu sa véritable nature. Sa manière d'enseigner à la fois très intime et très claire a transformé la vie de nombreuses personnes. Ses enseignements ont joué un rôle important dans mon propre cheminement vers l'éveil, en particulier en ce qui concerne la nécessité de cesser de s'identifier au corps. Rupert répond aux questions qui lui sont posées non pas à l'aide de concepts, mais en s'assurant que ses réponses sont comprises intimement. Vous trouverez sur son site Internet de nombreuses vidéos ainsi que des enregistrements audio de retraites et de conférences qu'il a données. Les ouvrages de Rupert, que j'ai tous lus, sont *La Nature de la conscience*, *La Transparence des choses*, *Être conscient d'être conscient*, *Transparent Body, Luminous World*, *The Light of Pure Knowing*, *The Art of Peace and Happiness*, *The Intimacy of All Experience* et *The Ashes of Love*. Voir : rupertspira.com.

ECKHART TOLLE

Eckhart Tolle est un maître spirituel et un auteur né en Allemagne. Alors qu'il avait été en dépression presque toute sa vie, il a vécu à l'âge de vingt-neuf ans une profonde transformation intérieure qui a changé radicalement sa vie.

Avec ses best-sellers à l'échelle mondiale, *Le Pouvoir du moment présent* et *Nouvelle terre* – traduits en plus de cinquante-deux langues –, il a initié des millions de personnes à la joie et à la liberté de vivre son existence dans le moment présent. Ses enseignements à la fois simples et profonds ont déjà aidé d'innombrables personnes à travers le monde à trouver la paix intérieure et à s'accomplir pleinement dans leur vie. L'éveil spirituel, qui est au cœur de ses enseignements, est selon lui la prochaine étape de l'évolution humaine. Un aspect essentiel de cet éveil consiste à transcender notre état de conscience fondé sur l'ego. Comme des millions d'autres, j'ai découvert ses enseignements dans son livre *Le Pouvoir du moment présent*. J'ai eu de nombreuses prises de conscience spirituelles en le lisant et, depuis plusieurs années, j'emporte toujours *Mettre en pratique le pouvoir du moment présent* quand je voyage pour faire les exercices proposés par Eckhart Tolle. Ses autres livres sont *L'Art du calme intérieur* et les ouvrages pour la jeunesse *Guardians of Being* et *Milton's Secret*. Eckhart Tolle organise des retraites et donne des conférences dans le monde entier. En permettant à d'innombrables personnes de se libérer des liens de la souffrance causée par l'ego, il apporte une immense contribution à l'humanité. Son site Internet est : eckharttolle.com.

UPANISHAD

Les *Upanishad* sont des enseignements spirituels anciens rédigés en sanskrit entre 800 et 200 avant Jésus-Christ. Ils font partie des écrits spirituels les plus anciens de l'hindouisme, les *Veda*.

ALAN WATTS

Alan Watts était un écrivain et un enseignant qui a contribué à faire connaître les philosophies orientales auprès du grand public en Occident.

Les conférences qu'il a données, dans une très belle langue, sont toujours aussi appréciées à travers le monde, des années après la mort de sa forme physique, en 1973. Alan Watts a écrit vingt-cinq ouvrages (que j'ai presque tous lus), notamment *Éloge de l'insécurité*, *L'Esprit du Zen* et *The Book on the Taboo Against Knowing Who You Are*. Ses enfants ont réalisé des vidéos de ses conférences et mis en ligne ses discours et ses conférences sur un site Internet afin que les générations futures continuent à bénéficier de sa contribution à la planète : alanwatts.com.

PAMELA WILSON

Pamela Wilson vit dans la baie de San Francisco, dans le nord de la Californie. Elle a suivi les enseignements de Lester Levenson et de Robert Adams. Depuis vingt ans, elle propose des retraites, des conférences et des entretiens privés sur la tradition de la non-dualité aux États-Unis, au Canada et en Europe. Elle est la douceur et la compassion incarnées et j'ai eu la chance d'assister à plusieurs de ses conférences. Elle est également citée dans le livre *On the Mystery of Being* publié dans le cadre du séminaire « Science and Nonduality ». Pour en savoir plus sur Pamela, vous trouverez sur son site Internet de nombreux enseignements : pamelasatsang.com.

PARAMAHANSA YOGANANDA

Plus de cent ans après sa naissance, ce maître apprécié dans le monde entier est reconnu comme l'un des plus grands émissaires de l'ancienne sagesse de l'ouest de l'Inde. La vie et les enseignements de Yogananda demeurent une source de lumière et d'inspiration pour des personnes de toutes races, cultures et origines sociales. Bon nombre de ses disciples sont devenus des personnalités de premier plan, que ce soit dans le domaine des sciences, des affaires ou des arts. Il a été reçu officiellement à la Maison

Blanche par le président Calvin Coolidge. Comme beaucoup, j'ai découvert ses enseignements en lisant *Autobiographie d'un yogi*, un ouvrage qui s'est vendu à plusieurs millions d'exemplaires. Ce livre inoubliable qui a déclenché une révolution spirituelle à l'échelle planétaire m'a laissé une très forte impression. *Autobiographie d'un yogi* peut être consulté en ligne sur le site Internet de la Self-Realization Fellowship, fondée par Yogananda. Il est l'auteur d'un grand nombre d'ouvrages et ses *Leçons* sont accessibles par abonnement sur le site Internet de la Self-Realization Fellowship : yogananda.org.

Références bibliographiques

Avec l'aimable autorisation des Éditions Accarias-L'Originel

Rupert Spira, *La Transparence des choses,* Éditions Accarias-L'Originel, 2011, p. 25.

Rupert Spira, *Être conscient d'être conscient,* Éditions Accarias-L'Originel, 2020, p. 34, p. 36, p. 78, p. 85.

Avec l'autorisation des Éditions Bellarmin

Anthony de Mello, *Quand la conscience s'éveille,* Montréal, Bellarmin, 1994[1].

Anthony de Mello, *Appel à l'amour,* Montréal, Bellarmin, 2000[2].

Avec l'aimable autorisation des Éditions Albin Michel

Anthony de Mello, *Redécouvrir la vie,* 2014, p. 7, p. 41, p. 48.

Avec l'aimable autorisation de Synchronique Éditions

Katie Byron, *Libre : un mental en paix avec lui-même,* Synchronique Éditions, 2017, p. 108, p. 113, p. 128, p. 133, p. 178.

Katie Byron, *Les Milles Visages du bonheur,* Synchronique Éditions, 2018, p. 14, p. 112, p. 222.

Katie Byron, *Aimer ce qui est,* Synchronique Éditions, 2019, p. 28, p. 37, p. 111, p. 205, p. 206.

Katie Byron, *Le Retournement,* Synchronique Éditions, 2019, p. 12.

1. Pour retrouver les pages de ces citations, voir Anthony de Mello, *Quand la conscience s'éveille,* Albin Michel, 2002, p. 8, p. 11-12, p. 49, p. 53, p. 100-103, p. 105-107.

2. Pour retrouver les pages de ces citations, voir Anthony de Mello, *Appel à l'amour,* Albin Michel, 2002, p. 15, p. 33-34, p. 45.

Avec l'aimable autorisation de New World Library, Novato, CA, www.newworldlibrary.com et d'Ariane Éditions
Eckart Tolle, *Le Pouvoir du moment présent,* Ariane Éditions, 2000[1].
Eckart Tolle, *L'Art du calme intérieur,* Ariane Éditions, 2003[2].

Avec l'aimable autorisation des Éditions Un monde différent
Rhonda Byrne, *Le Secret,* Les Éditions Un monde différent, 2008, p. 146, p. 148, p. 165, p. 171.

Mooji, *Plus vaste que le ciel, plus grand que l'espace,* Éditions Almora, 2019, p. 53.
Jiddu Krishnamurti, *Se libérer du connu,* Stock, 2002, p. 129.
Joel S. Goldsmith, *La Voie infinie,* Éditions du Relié, 2005, p. 29-30.

Pour la citation de Nisargadatta Maharaj page 181, traduction libre de Marianne Coulin. Le livre est paru en français : Nisargadatta Maharaj, *Je suis,* Les Deux Océans, 2000.
Pour la citation de Katie Byron page 187, traduction libre de Marianne Coulin. Le livre est paru en français : Katie Byron, *J'ai besoin que tu m'aimes, est-ce vrai ?,* Éditions Trédaniel, 2006.

Les citation d'Alan Watts ont été reproduites avec l'aimable autorisation du site alanwatts.org.

Les citations de Paramahansa Yogananda ont été reproduites avec l'aimable autorisation de Self-Realization Fellowship, Los Angeles, CA, USA. Tous droits réservés.

1. Pour retrouver les pages de ces citations, voir Eckart Tolle, *Le Pouvoir du moment présent,* J'ai lu, 2010, p. 33, p. 62, p. 158, p. 237.

2. Pour retrouver les pages de ces citations, voir Eckart Tolle, *L'Art du calme intérieur,* J'ai lu, 2011, p. 103.